ÉLÉMENS

D'ÉCONOMIE

PRIVÉE ET PUBLIQUE.

ÉLÉMENS
D'ÉCONOMIE

PRIVÉE ET PUBLIQUE;

ou

SCIENCE

DE LA VALEUR DES CHOSES,

ET

DE LA RICHESSE DES INDIVIDUS ET DES NATIONS.

Par L. F. G. DE CAZAUX.

> Dégager le vrai de toutes ses entraves,
> est la plus utile et la plus difficile des
> choses.
>
> M.me DE STAËL.

A PARIS,

Chez M.me HUZARD, rue de l'Éperon, n.° 7.

ET A TOULOUSE,

Chez J.n-M.eu DOULADOURE, rue Saint-Rome, n.° 41.

—

JANVIER 1825.

PRÉFACE.

L'ÉLAN naturel de l'homme vers un bien-être toujours supérieur est la cause radicale de la prospérité particulière, et, par suite, de celle des nations. Le travail, c'est-à-dire la force dirigée par l'intelligence, en est le moyen. De là tous les produits de l'industrie, et les innombrables échanges qui se font sans cesse de ces produits entre les hommes.

Les industries agricole, manufacturière et commerciale, la première comme fournissant la matière des produits, la seconde comme la mettant en œuvre, la troisième comme distribuant dans la société, soit la matière des produits, soit les produits eux-mêmes; enfin et sur-tout, puisqu'il faut le dire, le luxe incessamment croissant qui, provocateur toujours plus insatiable, appelle une quantité incessamment croissante de produits, et excite sans fin à en produire de nouveaux, sont la vie du corps social.

L'étude détaillée d'un si imposant phé-nomène intéresse tous les hommes. Ceux qui gouvernent les nations ou prennent une part quelconque à leur administration, doivent sur-tout connaître à fond la science qui en traite ; car, de la direction qu'ils impriment ou contribuent à faire imprimer, peut résulter l'accumulation de prospérité ou de misère sur un peuple : une fausse direction peut les en rendre les fléaux, une bonne, les bienfaiteurs. L'amour des peuples, et une puissance toujours croissante, sont la récompense d'une bonne administration : la haine et les bouleversemens sont, d'ordinaire, le résultat d'une mauvaise : comme on sème, on recueille.

Mesurer, après avoir indiqué nettement la manière d'apprécier la valeur des choses et la richesse, la fortune ou capital qui existe, se produit, se détruit ; manifester et apprécier chacune des sources par où elle arrive, chacune des issues par où elle s'écoule ; signaler les causes dépendantes des hommes qui concourent à l'augmenter, conserver, diminuer, rétablir chez les individus et les nations : voilà, si l'on ne se trompe, tout ce que peut se proposer d'utile la science aujourd'hui nommée *Économie politique*.

C'est le but qu'on a eu en vue d'atteindre dans cet ouvrage, qui doit son existence à la circonstance suivante :

Frappé, il y a quelque temps, d'entendre des agronomes se plaindre de ce qu'il n'existait point encore un mode de comptabilité agricole à la fois simple et rigoureux, notre pensée se porta involontairement sur cet objet.

Nous publiâmes peu après, dans le *Journal des Propriétaires ruraux du Midi de la France* (N.ᵒˢ de Mars et d'Avril 1824), un mode de comptabilité de la fortune applicable à toute industrie, et pouvant par conséquent devenir, si le but était atteint, d'une utilité immédiate à toute personne gérant ou possédant des valeurs, de quelque nature que fussent ces valeurs.

Un savant (M. Berthevin), dont nous n'avons pas l'honneur d'être connu, analysant notre travail, en porta le jugement suivant :

« Ce mode d'ordre est simple, utile, propre
» à se rendre compte de son opération, à en
» suivre, à en régler les mouvemens; mais
» l'évaluation en argent est-elle la mesure
» commune à préférer? Une discussion ap-
» profondie laisserait des doutes; et combien
» ne rencontre-t-on pas d'hypothèses où l'ar-
» gent, à deux époques rapprochées, mais
» distinctes, laisserait *tantôt* un profit, *tantôt*
» une perte, quoique les objets *matériels* de
» l'évaluation restassent les mêmes (1). »

Le doute exprimé par ce savant, sur la
mesure des valeurs que nous avions cru devoir adopter, excita d'abord notre surprise,
et attira ensuite toute notre attention.

Nous consultâmes sur-le-champ le plus
récent ouvrage (2) de M. J.-B. Say sur ces
matières, auteur dont les doctrines sont
aujourd'hui universellement répandues, et,
l'on peut ajouter, accréditées.

----

(1) *Bulletin universel des sciences, etc.; Juin* 1824,
Économie rurale, pag. 338.

(2) Le *Catéchisme d'Économie politique,* Paris, 1821.

Nous fûmes frappé on ne peut davantage, en lisant ce petit écrit, d'une foule d'assertions auxquelles nous n'avions nullement pris garde à la lecture assez superficielle que nous avions faite, dans le temps, de la 2.ᵉ édition du *Traité d'Économie politique* de cet auteur. Nous recourûmes à la plus récente édition (la 4.ᵉ, Paris 1819) de ce même ouvrage : nous y retrouvâmes les mêmes doctrines, avec d'amples développemens, qui, loin de nous convaincre, ne firent qu'accroître encore nos doutes.

Nous consultâmes Adam Smith, première source des ouvrages de M. J.-B. Say, et nous conservâmes nos doutes. L'ouvrage de M. Destutt de Tracy, si bien écrit et si remarquable d'ailleurs, et plusieurs autres encore, ne laissèrent dans notre esprit aucune idée vraiment nette et complètement satisfaisante sur l'importante Science de la valeur des choses et de la richesse; au contraire, le doute s'accrut en nous de plus en plus, et nous crûmes entrevoir qu'on pourrait bien s'être mépris sur les vérités fondamentales de cette science.

L'esprit une fois tourné de ce côté, nous fûmes entraîné, comme malgré nous, par le désir de pénétrer l'obscurité de ces matières. Le séjour que nous fîmes à Baréges, peu après, nous permit de nous livrer, presque sans distraction, à ces recherches.

Nous en publions aujourd'hui le résultat.

Nous envisageons notre travail assez froidement en ce moment, pour être persuadé que la matière serait encore loin d'être complètement traitée, lors même que nous aurions une entière foi dans toutes les conséquences que nous avons déduites de nos raisonnemens. Toutes les parties de notre travail, en effet, nous devons l'avouer, n'ont pas à nos yeux ce complet degré de clarté qui exclut toutes les objections : que sera-ce donc aux yeux du lecteur (1)? Mais on sait que les

____

(1) Il eût été convenable sans doute, et c'était notre dessein, de garder quelque temps cet ouvrage en porte-feuille, de l'oublier tout-à-fait, afin de nous mettre par-là en position d'en apercevoir et corriger ensuite mieux les défauts : la crainte de n'en pouvoir, à raison de notre éloignement présumable, surveiller nous-même l'impression, a pu seule nous déterminer à en précipiter la publication.

progrès des connaissances humaines sont lents, et que la science dont il s'agit ne fait que de naître ; qu'en tout, ce n'est que par degrés qu'on peut espérer d'arriver enfin à manifester clairement ce qui est, en le dépouillant successivement de tout ce qui n'est pas.

Si, par nos méditations, nous avions pu tendre vers ce but désirable, à l'égard de la plus importante des sciences, nous serions récompensé de notre travail ; car, dès que l'Économie politique, dégagée de tout ce qui l'offusque maintenant, arrivera à un degré d'évidence qui convainque tous les esprits, comme les sciences exactes, presque toutes les disputes politiques cesseront, et les gouvernans et les gouvernés, s'engageant à l'envi dans la véritable voie, marcheront de concert au bonheur commun. Il est impossible de supposer qu'il en puisse être autrement : la perversité humaine ne saurait aller jusqu'à rendre ennemi de soi-même. C'est donc, n'en doutons point, parce que les vérités de l'Économie politique n'ont pu être, jusqu'ici encore, évidemment manifestées, qu'on émet journellement tant d'avis divers sur ce qui peut procurer le bien-être et la prospérité des nations.

L'ouvrage que nous publions, ne renfermât-il que des erreurs, pourrait encore n'être pas sans utilité, en ce qu'il signalerait de nouveaux écueils à éviter.

Le mérite reconnu des hommes.qui, avant nous, ont exploré la matière, redouble la juste défiance que nous avons de notre travail, et nous porte à réclamer instamment l'indulgence des lecteurs sur le ton de confiance avec lequel, dans la chaleur de l'inspiration, nous avons pu rendre nos idées. Nous déclarons sur-tout n'avoir jamais eu l'intention d'offenser qui que ce soit : notre exclusive préoccupation, en écrivant ce qu'on va lire, a été de tâcher.d'arriver au vrai par le plus court chemin possible : heureux s'il nous a été donné quelquefois de l'atteindre !

(Toulouse, décembre 1824.)

ÉLÉMENS

D'ÉCONOMIE

PRIVÉE ET PUBLIQUE;

ou

SCIENCE

DE LA VALEUR DES CHOSES,

ET

DE LA RICHESSE DES INDIVIDUS ET DES NATIONS.

LIVRE I.er

CHAPITRE I.er

De la mesure de la valeur des choses. — Valeur relative des choses en divers temps ou divers lieux.

QUELLE est la mesure de la valeur des choses ? Cette question est fondamentale : résolue, elle devient la clef de toute la science.

Chose singulière ! la presque universalité des hommes a toujours considéré l'argent comme la mesure de la valeur des choses, et les savans, depuis Smith, s'accordent, en général, à lui contester cette propriété !

Ecoutons M. J.-B. Say, dont les écrits sont presque, de nos jours, regardés comme classiques en Europe.

« Lorsqu'on échange, dit-il (1), cent livres

(1) *Catéchisme d'Économie politique*, Paris, 1821.

» de blé contre dix pièces d'un franc, les cent
» livres de blé valent dix francs, et les dix francs
» valent cent livres de blé ; mais si, à quelques
» lieues de là, cent livres de blé valent onze
» francs, ce peut être tout aussi-bien parce que
» les francs valent *moins* que parce que le blé
» vaut *plus*. »

« On peut, dit plus loin le même auteur (1),
» se servir de la monnaie pour se faire une idée
» de ce que peut valoir une chose, ici et à pré-
» sent ; mais elle ne sert presque en rien pour
» indiquer la valeur d'une chose dont nous som--
» mes séparés par les temps et par les lieux. Une
» maison de 10,000^f en Bretagne vaut beaucoup
» plus qu'une maison de 10,000^f à Paris ; car
» elle procurerait, à qui voudrait l'échanger,
» beaucoup plus de choses qu'une somme de
» 10,000^f n'en vaudrait à Paris. Les 12,000 liv.
» de revenu que M. d'Aubigné mangeait à Paris,
» en 1686, lui procuraient une existence qu'on
» n'aurait pas actuellement pour 40,000^f. »

1.° Il nous paraît démontré que, lorsque 100
livres de blé s'échangent dans un endroit contre
10^f, et dans un autre endroit, distant de quelques lieues, contre 11^f, c'est uniquement à cause

______

(1) Même ouvrage.

que le blé vaut $^1/_{10}$ en sus dans ce dernier endroit que dans le premier ; car l'argent, éminemment portatif, ne coûte pour ainsi dire rien à transporter, en sorte qu'il va d'abord où il acquiert une valeur supérieure, ce que ne peut faire le blé. Si le blé ne coûtait rien à transporter, dès que 100 livres de blé se vendraient un sou de plus dans un des endroits que dans l'autre, on le transporterait, puisqu'il y aurait un bénéfice assuré à faire (1).

2.° Sur ce que l'auteur dit qu'une maison de 10,000^f en Bretagne vaut beaucoup plus qu'une maison de 10,000^f à Paris, nous ne saurions non plus nous accorder. En effet, puisqu'il n'est personne à qui il ne fût égal d'hériter de la maison de Paris ou de la maison de Bretagne dont

----

(1) Un kilogramme d'or coûte 3444^f 44^c, un kilogramme de froment coûte 20^c ; l'or, sous ce rapport, est une valeur 17,222 fois plus transportable que le froment ; mais comme la transportabilité est aussi, à poids égal, en raison du moindre volume, et qu'un kilogramme d'or occupe 26 fois moins d'espace qu'un kilogramme de froment, il s'ensuit que l'or est une valeur 447,772 fois plus transportable que le froment. Un kilogramme d'argent coûtant 222^f 22^c, et un kilogramme de froment seulement 20^c, l'argent, sous ce rapport, est une valeur 1111 fois plus transportable que le froment ; mais, attendu que, à poids égal, le froment occupe 14 fois plus de volume, l'argent est une valeur réellement 15,554 fois plus transportable que le froment.

parle l'auteur, attendu qu'en échangeant l'une comme l'autre, on ne pourrait se procurer que 10,000^f, il est bien patent que la maison de Bretagne ne vaut nullement plus que celle de Paris. Que si la maison de Bretagne pouvait être transportée à Paris, oh! alors, on conçoit qu'elle pût valoir beaucoup plus que celle de Paris; mais elle ne vaudra pas plus tant qu'on ne pourra l'échanger que contre la même valeur, 10,000^f, que celle de Paris : les 10,000^f seuls, comme éminemment transportables, valent tout autant (ou à très-peu près) en quelque lieu qu'on les possède. Mais avec 10,000^f, dit l'auteur, vous vous procurerez bien plus de choses en Bretagne qu'à Paris? Pourquoi? lui demande-rons - nous; uniquement à cause de l'intrans-portabilité plus ou moins grande de ces choses : si elles étaient transportables sans frais d'un lieu à l'autre, elles auraient dans ces lieux une même valeur. Ce sont donc elles, généralement, et non l'argent, qui est éminemment transportable, qui varient de valeur en raison des localités.

Selon vous donc, nous dira-t-on, l'argent a toujours une valeur invariable. Non, répon-drons-nous. Si le taux naturel de l'intérêt de l'argent est en France 4 pour 100; si aux États-Unis ce même taux est 8, l'argent a aux États-

Unis une valeur double de celle qu'il a en France ; en effet, 100,000ᶠ, par exemple, placés en France ne donneront annuellement que 4000ᶠ de rente, tandis qu'ils en donneront le double, placés aux États-Unis ; et, dans quelque lieu qu'on veuille manger la rente, attendu que l'argent est éminemment transportable, on se trouvera évidemment le double plus riche avec 8000ᶠ qu'avec 4000ᶠ. Si donc, en 1686, avec 12,000 liv. de revenu on se procurait une existence qu'on n'y aurait pas actuellement pour 40,000ᶠ, en conclurons-nous que l'argent vaut actuellement à Paris 3 ½ fois moins qu'en 1686 ? Non, sans doute. Si, en 1686, l'argent se plaçait au même taux qu'actuellement, sa valeur est exactement la même actuellement qu'elle était en 1686 : les autres choses seules ont augmenté de valeur, s'il est vrai qu'en 1686 avec la même somme d'argent on s'en procurât une plus grande abondance qu'actuellement. En effet, si l'on conçoit la France d'alors et la France actuelle contemporaines, voisines, et libres de communiquer, n'est-il pas évident que si l'argent se place au même taux dans les deux Frances, il n'y aura aucun mouvement d'argent d'une France à l'autre ? Pourquoi ? parce que l'argent aura une valeur exactement égale dans les deux Frances.

Mais si les marchandises coûtent plus d'argent, c'est-à-dire, valent plus dans une France que dans l'autre, on les fera certainement voyager d'une France à l'autre, à moins que le coût trop considérable du port ne s'y oppose. Ce seraient donc, comme on le voit manifestement, les marchandises, et non l'argent, qui auraient varié de valeur de 1686 au temps actuel. Que si l'intérêt de l'argent se trouvait différent aux deux époques citées par M. J. - B. Say, la valeur de l'argent aurait aussi varié, et il serait facile, par le taux de l'intérêt, d'apprécier cette variation de valeur. Le taux naturel de l'intérêt de l'argent est-il 4 aujourd'hui, était-il 6 en 1686? l'argent aurait perdu ⅓ de sa valeur.

On voit clairement par-là (ce qui d'ailleurs est évident en soi) que *la valeur de l'argent est en raison directe de l'intérêt courant auquel on le place; et que, conséquemment, la valeur des choses est en raison directe de cet intérêt et du prix des choses.*

Désignant donc par v, V (1), les valeurs respectives d'une même chose à deux époques ou deux lieux différens; par p, P, les prix respec-

___

(1) Contrairement à l'opinion de M. J.-B. Say, nous pensons que l'analyse mathématique est très-susceptible d'être appliquée à l'Économie politique, science, à notre avis, toute de calcul.

tifs de la chose aux deux époques ou deux lieux différens; par i, I, les taux respectifs de l'intérêt de l'argent aux deux époques ou deux lieux différens : les valeurs croissant en raison directe composée du prix de la chose et de la valeur ou intérêt de l'argent, on aura cette proportion

$$v : V :: ip : IP,$$

d'où

$$v = V\frac{ip}{IP} \ldots \ldots (A)\ [1].$$

Que si l'intérêt de l'argent est le même, on a $i = I$, et cette équation devient

$$v = V\frac{p}{P} \ldots \ldots (B)\ [2].$$

Que si la chose dont on veut comparer la valeur à deux époques ou deux lieux différens, est l'argent, on a $p = P$; car le prix en argent de 100 grammes d'argent, par exemple, est bien évidemment, en tout lieu et à toute époque, 100 grammes d'argent. Ainsi, l'équation (A) devient, pour toutes les questions relatives à la valeur de l'argent en des lieux ou des temps différens,

$$v = V\frac{i}{I} \ldots \ldots (C)\ [3].$$

---

(1) C'est-à-dire que v ÉGALE V *multiplié par* ip *divisé par* IP (ip signifie i multiplié par p; IP signifie I multiplié par P).

(2) C'est-à-dire qu'alors v ÉGALE V multiplié *par* p *divisé par* P.

(3) C'est-à-dire que, dans le cas où p est égal à P, on a v ÉGAL A V *multiplié par* i *divisé par* I.

Appliquons ces équations à la solution de quelques questions.

Commençons par appliquer l'équation (C).

1.° On sait que l'intérêt de l'argent à Rome ancienne était généralement 1 pour 100 par mois, ou 12 pour 100 par an : supposé qu'il ne soit aujourd'hui que 4 parmi nous, on demande quelle est la valeur de l'argent parmi nous, relativement à la valeur qu'il avait dans l'ancienne Rome ? On a $i = 4$, $I = 12$, et l'équation (C) donne $v = \dfrac{V}{3}$. L'argent n'a donc parmi nous que le 1/3 de la valeur qu'il avait dans l'ancienne Rome.

2.° Avant la découverte de l'Amérique, l'intérêt de l'argent en Europe était 10 ; il n'est aujourd'hui que 4. On a $i = 4$, $I = 10$; l'équation (C) donne $v = \frac{2}{5} V$, et fait voir que l'argent n'a aujourd'hui que les 2/5 de la valeur qu'il avait avant la découverte de l'Amérique.

3.° On s'engagea à payer 5^f de rente perpétuelle lorsque l'intérêt de l'argent était 5 : quelle rente doit-on payer, pour donner exactement la même valeur, lorsque l'intérêt de l'argent est 4 ? On a $i = 4$, $I = 5$, et l'équation (C) donne $v = \frac{4}{5} V$, ou $V = \frac{5}{4} v$; ce qui fait voir qu'il faut payer 5/4 de la rente due, pour payer une valeur exactement égale à celle qu'on payait, c'est-à-dire 6^f 25^c au lieu de 5^f.

4.° A un homme qui, lorsque l'intérêt était 5, aurait prêté 60^f, par exemple, quelle somme devrait-on rembourser lorsque l'intérêt est à 4, pour lui restituer une valeur exactement égale à celle prêtée ? On a $i = 4$, $I = 5$, et l'équation (C) devient $v = \frac{4}{5} V$, ou $V = \frac{5}{4} v$; ce qui fait voir que, puisque la valeur ancienne de l'argent est égale aux $^5/_4$ de la valeur actuelle de ce métal, il faut rembourser $^5/_4$ de la somme due, pour restituer une valeur exactement égale, c'est-à-dire qu'il faut donner 75^f au lieu de 60^f (1).

---

(1) Cette dernière question et la précédente jettent un grand jour sur un projet de loi (*) devenu fameux, et qui occupe encore tous les esprits.

D'une part, nous voyons : 1.° qu'en ne payant que 4^f au lieu de 5 de rente au créancier, ou plutôt au lieu de 6^f 25^c, valeur exactement égale aujourd'hui à la valeur de la rente primitive 5^f, le rentier n'aurait touché juste que les $^4/_{6,25}$, c'est-à-dire les $^{64}/_{100}$ de la valeur de la rente. 2.° Que la valeur de la rente primitive étant représentée aujourd'hui par 6^f 25^c, le capital de cette rente à l'intérêt 4, est représenté par 156^f 25^c (25 fois 6^f 25^c); en sorte que, en ne remboursant que 100^f pour le rachat

(*) Sous le ministre auteur de ce projet de loi, la comptabilité des finances a éprouvé des améliorations très-importantes, qui, de proche en proche, se sont communiquées à toutes les branches des services publics. C'est un fait que nous nous plaisons à consigner ici, dans un moment où ce ministre est le plus en butte aux attaques.

Appliquons présentement l'équation (B).

1.° L'intérêt de l'argent est le même à Paris qu'à Bordeaux : à Bordeaux, le froment coûte

---

de la rente, on ne donne que les $^{100}/_{156,25}$, c'est-à-dire juste que les $^{64}/_{100}$ de ce qu'il faudrait donner au créancier, pour qu'il pût se procurer la rente 6^f 25^c, exactement égale en valeur à la rente 5^f primitivement faite.

D'autre part, nous voyons : 1.° qu'en remboursant 100^f au rentier qui, ayant, par supposition, prêté originairement 60^f au gouvernement, lorsque l'intérêt de l'argent était 5, n'aurait pas voulu consentir à la réduction, on aurait remboursé audit rentier 25^f en sus de la somme 75^f, valeur exactement égale aujourd'hui à celle de la somme 60^f prêtée dans le temps; c'est-à-dire que ce rentier eût touché les $^{133}/_{100}$ de la valeur qu'il avait prêtée. 2.° Qu'en donnant 4^f par an au rentier ayant prêté 60^f, en valant aujourd'hui 75, c'était lui donner 5^f 33^c pour 100, puisque $75 : 4 :: 100 : 5,33$; or l'argent n'étant qu'à 4 pour 100, c'était lui donner annuellement les $^{133}/_{100}$ de la rente véritablement due, en raison de la valeur prêtée.

Voilà les raisonnemens, en eux-mêmes irréprochables, par lesquels on peut, selon nous, attaquer et défendre le projet de loi. D'une part, on peut dire : La valeur 5^f que vous donniez lorsque l'intérêt de l'argent était 5, est exactement représentée, aujourd'hui que l'intérêt est 4, par 6^f 25^c, dont le capital, à l'intérêt 4, est 156^f 25^c : et c'est dans ce moment que, pour nous occasionner une double perte, vous voulez réduire notre rente à 4, ou ne nous rembourser que 100^f en capital, c'est-à-dire, dans l'un comme dans l'autre cas, ne nous donner que moins des $^2/_3$ de la valeur que, pour que nous ne perdissions rien, il faudrait nous donner? D'autre part, on peut répondre : Lorsque le taux naturel de l'intérêt de l'argent était 5, pour 60^f prêtés, par

15^f l'hectolitre ; à Paris, il ne coûte que 12^f l'hectolitre : quel est le rapport des valeurs du froment dans les deux localités? On a $p = 12$,

---

exemple, vous avez exigé 5^f de rente, c'est-à-dire l'intérêt de 8 $^1/_3$ pour 100, intérêt véritablement usuraire, puisque le taux naturel de l'intérêt n'était que 5 pour 100. La France veut se libérer aujourd'hui. Que vous doit-elle? la valeur originairement prêtée. Vous avez prêté 60^f lorsque l'intérêt était à 5; aujourd'hui que l'intérêt n'est plus que 4, ces 60^f d'alors en valent 75 d'aujourd'hui : eh bien! en voilà 100, c'est-à-dire $^1/_3$ de plus qu'on ne vous doit. Aimez-vous mieux laisser ces 75^f entre les mains du gouvernement? au lieu de 3^f d'intérêt annuel qu'ils vous rendraient, placés ailleurs au taux 4 actuel, la France vous en donne 4, c'est-à-dire $^1/_3$ en sus de l'intérêt que vous en retireriez.

Entre ces extrêmes, où est cependant le juste? Le voici, à notre avis : Lorsque l'intérêt de l'argent était à 5 pour 100, le gouvernement, en empruntant n'importe quelle somme, 50, 60, 70, 80^f, promit de faire perpétuellement la rente 5^f ou de rembourser la valeur 100^f : il doit donc, ou continuer à payer la rente 5^f, ou rembourser la valeur 100^f promise. Or, cette valeur 100^f, lorsque l'intérêt était à 5, est, aujourd'hui que l'intérêt n'est plus que 4, représentée par la somme 125^f, puisque l'argent a perdu $^1/_5$ de sa valeur. La justice semble donc impérieusement réclamer, ou qu'on rembourse cette somme 125^f ou qu'on continue à faire la rente 5^f.

Mais il est une autre face importante et nouvelle sous laquelle il convient d'envisager encore la question. (Nous sommes obligé, le moment n'en étant pas venu, de renvoyer en son lieu, Chapitre de la Richesse, la suite de cette discussion. *Voyez*, en conséquence, *la note de la page* 41, qui sert de complément à celle-ci.)

$P = 15$, et l'équation (B) donne $v = \frac{12}{15} V$, ou $v = \frac{4}{5} V$, c'est-à-dire qu'à Paris le froment vaut 1/5 de moins qu'il ne vaut à Bordeaux.

Présentons, enfin, quelques applications de l'équation (A).

1.º Le froment coûtait, en moyenne, à Rome, au temps de Cicéron, l'équivalent de $2^f 88^c$ l'hectolitre, et l'intérêt de l'argent à cette époque était 12; aujourd'hui le froment coûte en France, en moyenne, 13^f l'hectolitre, et l'intérêt de l'argent est 4 : quelle variation de valeur a éprouvée le froment ? On a $I = 12$, $P = 2{,}88$, $i = 4$, $p = 13$, et l'équation (A) donne $v = 1{,}50 V$; ce qui fait voir que la valeur actuelle du froment en France est à la valeur qu'il avait à Rome au temps de Cicéron, comme 1,50 est à 1, c'est-à-dire qu'elle est de moitié supérieure aujourd'hui en France.

2.º En 1500, 1 setier de froment coûtait 1 once d'argent, et l'intérêt de l'argent était 10; aujourd'hui 1 setier de froment coûte, par supposition, 4 onces d'argent, et l'intérêt de l'argent est 4 : quelle variation de valeur a éprouvée le froment ? On a $I = 10$, $P = 1$, $i = 4$, $p = 4$, et l'équation (A) donne $v = 1{,}6 V$; ce qui fait voir que la valeur actuelle du froment est à la valeur qu'il avait en 1500, comme 1,6 est à 1, c'est-à-dire qu'elle est un peu plus de moitié supérieure actuellement (1).

---

(1) Les plus savans publicistes regardent le froment comme conservant en tout temps une valeur moyenne généralement invariable. Partant de cette donnée, du prix du froment en différens temps, ils concluent la valeur de l'argent en ces différens temps. Ainsi, par exemple, de ce que le setier de froment coûte aujourd'hui 4 onces d'argent, tandis qu'en 1500 il n'en coûtait que 1, M. J.-B. Say conclut, d'après la doctrine de Smith, de M. Garnier (membre de l'Institut), etc., que l'argent ne vaut plus aujourd'hui que le $\frac{1}{4}$ de ce qu'il valait en 1500. C'est, à notre avis, comme si l'on disait : A Odessa, le froment coûte 4 fois moins d'argent qu'en France ; donc l'argent vaut à Odessa 4 fois plus qu'en France. Mais si à Odessa l'intérêt de l'argent est le même qu'en France, l'argent ne vaut pas plus à Odessa qu'en France, puisqu'il n'y aurait aucun profit à le transporter soit de France à Odessa, soit d'Odessa en France ; ce serait donc le froment seul qui aurait en France et à Odessa une valeur différente. De même, si, en 1500, l'intérêt de l'argent eût été exactement le même qu'aujourd'hui, ç'aurait été évidemment le froment tout seul qui aurait eu une valeur différente dans les deux temps, et nullement l'argent ; car, imaginez, pour un instant, que le Paris de 1500 devienne contemporain et voisin du Paris de nos jours : si l'intérêt de l'argent est le même dans les deux villes, aucun mouvement d'argent n'aura lieu d'une ville à l'autre : pourquoi ? parce que la valeur de l'argent sera exactement la même dans les deux villes ; mais si le setier de froment coûte 4 onces d'argent dans l'une des villes et seulement 1 once d'argent dans l'autre ville, le froment seul sera transporté d'une ville à l'autre : pourquoi ? parce que le froment aura dans l'une des

3.º Le prix du froment était, il y a quelques années, 20^f l'hectolitre, et l'intérêt de l'argent était 5; l'hectolitre de froment coûte aujour-d'hui 13^f, et l'intérêt de l'argent est 4 : quelle variation de valeur a éprouvée le froment ? On a $I = 5$, $P = 20$, $i = 4$, $p = 13$, et l'équation (A) donne $v = 0,52\,V$; ce qui fait voir que la valeur actuelle du froment est à la valeur qu'il avait il y a quelques années, comme 0,52 est à 1, c'est-à-dire qu'elle n'est qu'environ moitié de ce qu'elle était.

4.º Une aune de beau drap coûtait, il y a quelques années, 60^f, et l'intérêt de l'argent était 5; une aune de drap pareil coûte aujour-d'hui 40^f, et l'intérêt de l'argent est 4 : quelle

villes une valeur quadruple de celle qu'il a dans l'autre ville. Que si, dans Paris ancien, l'intérêt de l'argent est 10, et s'il n'est que 5 dans Paris moderne, oh! dès-lors, l'argent de Paris moderne refluera vers Paris ancien : pourquoi ? parce que, avec 100 onces d'argent, par exemple, on aura une rente annuelle de 10 onces d'argent au lieu de 5 qu'on avait, c'est-à-dire, parce que l'argent aura une valeur double dans Paris ancien. Quant à la valeur du froment, si le setier coûte 4 onces d'argent dans Paris moderne et 1 dans Paris ancien, attendu que dans la ville ancienne l'argent a une valeur double, il s'ensuit, de toute nécessité, que le froment n'a qu'une valeur exactement double, et non quadruple, dans la ville moderne, contrairement à l'opinion des publicistes.

variation a éprouvée la valeur de ce drap ? On a
$I = 5$, $P = 60$, $i = 4$, $p = 40$, et l'équation (A)
donne $v = 0,53$ V; ce qui fait voir que la valeur
actuelle d'un pareil drap est à la valeur qu'il
avait il y a quelques années, comme $0,53$ est à
1, c'est-à-dire que le drap ne vaut aujourd'hui
qu'environ moitié de ce qu'il valait.

Et ainsi de même, quelle que soit la chose
dont on veuille connaître la variation de valeur
d'un temps à un autre, ou en des lieux différens.

Si l'on a stipulé de payer une rente R, de
valeur toujours fixe : comme la rente r, à faire
par la suite, doit croître évidemment en raison
inverse des valeurs de la chose objet de la rente,
il est clair qu'on aura

$$r : R :: IP : ip,$$

d'où

$$r = R \frac{IP}{ip} \ldots \ldots (D) \, [1].$$

En multipliant les termes impairs de la proportion précédente par $\frac{100}{i}$, et les termes pairs
par $\frac{100}{I}$, il y aura encore proportion, et l'on
aura,

$$\frac{100 \, r}{i} : \frac{100 \, R}{I} :: \frac{100 \, IP}{i} : \frac{100 \, ip}{I};$$

---

[1] C'est-à-dire que r ÉGALE R *multiplié par* I P *divisé*
par ip. (On a déjà dit que I P signifie I multiplié par P, et ip,
i multiplié par p).

Or, $\frac{100\,r}{i}$ est évidemment le capital de la rente r, puisque $\frac{100}{i}$ est le denier, et que le capital est toujours égal au denier multiplié par la rente ; de même, $\frac{100\,R}{I}$ est le capital de la rente R. Désignant donc ces capitaux par c, C, on aura

$$c : C :: \frac{100\,IP}{i} : \frac{100\,ip}{I},$$

d'où

$$c = C\,\frac{I^2\,P}{i^2\,p}\ \ldots\ldots\ (E)\ ^{(1)}.$$

Ainsi, avez-vous stipulé de payer en une chose quelconque une rente d'une valeur toujours fixe ? l'équation (D) fera connaître la quantité des choses à donner. Voulez-vous vous libérer de cette rente ? l'équation (E) fera connaître la quantité des choses à donner.

Par exemple,

1.° Avez-vous stipulé une rente toujours de valeur fixe en argent ? Cette rente était-elle de 100 grammes d'argent, par supposition, quand l'intérêt de l'argent était 5, et l'intérêt de l'ar-

___

(1) C'est-à-dire que c ÉGALE C *multiplié par* I^2 P *divisé par* $i^2\,p$. (I^2 P signifie I^2 multiplié par P ; et $i^2\,p$, i^2 multiplié par p [I^2 signifie I élevé au carré, c'est-à-dire multiplié par lui-même ; i^2, i élevé au carré, c'est-à-dire multiplié par lui-même]).

gent n'est-il plus que 4? On a $R = 100$, $I = 5$, $i = 4$, et, attendu que $p = P$ puisqu'il s'agit de l'argent, l'équation (D) devient $r = 125$; ce qui fait voir que la rente à faire est 125 grammes d'argent. Voulez - vous racheter la rente? On à $C = 2000$ grammes (c'est le capital de la rente 100 grammes, lorsque l'intérêt est 5), $I = 5$, $i = 4$, et $p = P$; en sorte que l'équation(E)devient $c = 3125$; ce qui fait voir que le capital à rembourser pour racheter la rente, est 3125 grammes d'argent.

2.° Avez-vous stipulé une rente de valeur toujours fixe en froment? Cette rente était-elle de 100 setiers de froment, en 1500, par exemple, époque où l'intérêt de l'argent était 10, et le prix du setier de froment 1 once d'argent? Le prix du setier de froment est - il aujourd'hui 4 onces d'argent, et l'intérêt de l'argent 4? On a $R = 100$, $I = 10$, $P = 1$, $i = 4$, $p = 4$, et l'équation (D) donne $r = 62{,}5$; c'est-à-dire que la rente à payer aujourd'hui ne serait plus que 62 $\frac{1}{2}$ setiers, en raison de la valeur plus grande du froment (1). Que si l'on voulait racheter cette

____

(1) Le froment est bien loin d'être une valeur invariable. Aussi ne concevons-nous pas que Smith et d'autres publicistes aient prétendu qu'on devait stipuler toujours les rentes en fro-

rente, comme le capital de 100 onces d'argent, valeur des 100 setiers de froment en 1500, était alors 1000 onces d'argent, c'est-à-dire 1000 setiers de froment, on aurait $C = 1000$, $I = 10$, $P = 1$, $i = 4$, $p = 4$, et l'équation (E) donnerait $c = 1562,5$; c'est-à-dire que, pour racheter la rente due, il faudrait donner à présent 1562 ½ setiers de froment (1)

3.° Stipulez-vous une rente, de valeur toujours fixe, en drap ? l'intérêt de l'argent est-il

---

ment, pour obtenir toujours une valeur fixe en rente. Qui ne voit que si, cette année, on stipule 100 hectolitres de rente annuelle, le froment coûtant 13^f l'hectolitre, et l'intérêt de l'argent étant 4, la valeur qu'on donnera cette année sera 1300^f ; et que, si, l'an prochain, l'argent étant au même taux, le froment monte par sa rareté à 26^f l'hectolitre, en donnant 100 hectolitres de froment, on paiera une valeur double ? que si l'année d'après le froment ne coûtait plus, à cause de son abondance que 6^f 50^c l'hectolitre, et que la valeur de l'argent fût encore la même, on paierait une rente 4 fois moindre en valeur que l'année précédente ? etc.

(1) En effet, 62 ½ setiers de froment, à 4 onces d'argent, équivalent à 250 onces d'argent, rente dont le capital, à l'intérêt 4, est 6250 onces d'argent, valeur exacte de 1562 ½ setiers, à 4 onces d'argent. D'ailleurs, les 250 onces d'argent d'aujourd'hui valent exactement les 100 onces d'argent, valeur des 100 setiers en 1500, puisque la valeur actuelle de l'argent est à sa valeur en 1500, comme 4 est à 10.

4, le drap coûte-t-il 50^f l'aune, et la rente est-elle 10 aunes? Dans 20 ans, l'intérêt de l'argent sera encore 4, par supposition, et le prix de l'aune du même drap 30^f : quelle rente devrez-vous payer en aunes de drap? On aurait $R = 10$, $I = 4$, $P = 50$, $i = 4$, $p = 30$, et l'équation (D) donnerait $r = 16,66$; c'est-à-dire que la rente à faire serait 16 ⅔ aunes de drap. Que si l'on voulait racheter la rente, combien d'aunes de drap faudrait-il donner? On aurait $C = 250$ (car le capital de 10 aunes de drap, l'argent étant à l'intérêt 4, est 250 aunes de drap), $I = 4$, $P = 50$, $i = 4$, $p = 30$, et l'équation (E) deviendrait $c = 416,66$; c'est-à-dire qu'il faudrait, pour racheter la rente, donner 416 ⅔ aunes de drap (1).

4.° On s'engage à payer une rente de 100 journées de travail, lorsque la journée coûte 1^f, et que l'intérêt de l'argent est 4 : combien de journées de travail devra-t-on donner dans 20 ans, si alors le prix de la journée de travail est 2^f, et l'intérêt de l'argent toujours 4? On aurait $R = 100$, $I = 4$, $P = 1$, $i = 4$, $p = 2$, et l'équa-

____

(1) En effet, 16 ⅔ aunes à 30^f font 500^f, valeur de 10 aunes de drap lorsque l'aune coûte 50^f; et 416 ⅔ aunes à 30^f font 12,500^f, valeur du capital de la rente 500^f à l'intérêt 4.

tion (D) deviendrait $r = 50$; c'est-à-dire qu'on devrait donner 50 journées de travail en rente (1). Que si l'intérêt de l'argent dans 20 ans n'était plus que 3, l'équation (D) deviendrait $r = 80$; c'est-à-dire qu'on devrait donner dans ce cas 80 journées de travail. Quant aux capitaux à rembourser pour se libérer de la rente, on les déterminerait avec la même facilité, à l'aide de l'équation (E).

Nous croyons avoir suffisamment montré qu'en mesurant toutes les choses par l'argent, on peut apprécier leurs valeurs relatives en divers temps et divers lieux.

L'argent est donc la vraie mesure de la valeur relative des choses, en divers temps ou divers lieux; seulement, dans l'appréciation de cette valeur, il faut avoir égard à l'intérêt courant auquel il se place.

---

(1) Stipuler une rente en journées de travail, dans le but d'obtenir une rente de valeur toujours égale, n'est pas plus raisonnable que de la stipuler en froment; car le travail est aussi nécessairement une valeur très-sujette à variation, selon les temps et les lieux.

CHAPITRE II.

De la Richesse. — Son appréciation, en tout temps et en tout lieu.

Nous avons vu que, par la connaissance du prix des choses et de l'intérêt de l'argent, on peut apprécier la valeur relative des choses dans des temps ou des lieux divers. Nous allons voir que, par la seule connaissance du prix des choses, on peut juger de la richesse, en tout temps et en tout lieu. Un seul exemple suffira à le démontrer.

Un individu possède des choses équivalant à 5o kilogrammes d'or (c'est ce qu'on nomme sa fortune); par son industrie, avec ces choses, cet individu se crée annuellement un revenu net équivalant à 3 kilogrammes d'or. Attendu que la richesse est le pouvoir de se procurer les choses qu'on désire, si, avec ces 3 kilogrammes d'or, l'individu peut se procurer les choses qu'il désire, il est riche; il est d'autant plus pauvre qu'il est davantage dans l'impuissance de se les procurer, d'autant plus riche qu'il pourrait se procurer plus de choses au delà de celles qu'il désire. Quiconque, avec 2 kilogrammes d'or de revenu, pourra se procurer, dans un autre temps ou un autre lieu, les mêmes choses que l'individu dont

3.

on vient de parler avec 3 kilogrammes d'or, sera, s'il a exactement les mêmes désirs, exactement aussi riche que cet individu. Mais que le premier individu aille manger son revenu au lieu où est le second individu, il sera (quel que soit d'ailleurs l'intérêt ou valeur de l'argent dans les localités d'où il tire et où il mange son revenu), beaucoup plus riche que ce dernier, puisque, ses désirs satisfaits, il lui restera 1 kil. d'or disponible.

Comme on voit,

Le rapport de la somme en argent représentant le revenu ou profit annuel sur les valeurs qu'on possède, à la somme en argent représentant toutes les choses qu'on désire acquérir annuellement, est constamment, en tout lieu et en tout temps, l'expression exacte de la richesse, c'est-à-dire du pouvoir de jouir annuellement des choses désirées, par l'échange de celles qu'on a à offrir annuellement en retour (1).

---

(1) Il est bien remarquable qu'aucun publiciste n'ait jusqu'ici défini nettement la *richesse* (*). M. J. - B. Say la définit *Biens qu'on possède, et qui ont une valeur reconnue*, ce qui n'est

(*) M. le vicomte de Saint-Chamans, maître des requêtes au conseil d'état, et membre de la chambre des députés, vient de faire paraître un ouvrage intitulé : *Nouvel Essai sur la richesse des nations.* On nous le communique, au moment de livrer notre manuscrit à l'impression. Nous y trouvons : LA RICHESSE, C'EST LE REVENU; LA RICHESSE CROÎT ET DÉCROÎT COMME LE REVENU. Cette définition est certainement incomplète.

En exprimant donc par S la quantité d'argent qui représente le revenu ou profit net annuel sur l'ensemble des choses ou fortune qu'on possède, par S' la quantité d'argent qui représente les choses qu'on désire annuellement acquérir, et

---

nullement préciser la chose, ce qui est la laisser flotter dans un vague désespérant, sur-tout quand on ne donne aucun moyen de *reconnaître la valeur des biens possédés*, etc. Faut-il s'étonner que M. J.-B. Say dise ensuite : « On ne saurait évaluer » dans un lieu les richesses d'un autre lieu, par la raison que » nulle évaluation ne peut être que la comparaison de la valeur » de deux objets qui sont en présence l'un de l'autre. » Et qui est, nous le demandons, plus en présence que le revenu dont on jouit et les choses contre lesquelles on l'échange? Or, c'est ce rapport du revenu qu'on a, aux choses qu'on désire acheter, qui, en tout lieu et en tout temps, constitue la richesse. Par le revenu et le prix des choses, on peut donc juger de la richesse relative de lieux ou de temps divers. Le simple ouvrier le sait bien, quand il s'informe de ce que gagne un ouvrier de sa profession dans tel pays, et de ce qu'y coûtent les choses objet de ses be-soins : par la comparaison du salaire avec le prix des choses à acheter, il voit d'un coup d'œil si, en se transportant dans ce pays, il sera plus ou moins riche qu'au lieu où il est. C'est que le vulgaire a une idée nette de la richesse, et que les publicistes, en général, paraissent n'en avoir qu'une obscure ou imparfaite idée. Nous aurons plus d'une fois dans cet ouvrage l'occasion de faire l'éloge du bon sens populaire; car, en vérité, plus nous y réfléchissons, plus nous trouvons que le peuple a le sentiment des vrais principes de l'Économie politique : heureux si, pénétré de cette conviction, nous sommes parvenu à les bien démêler !

par R la richesse, on aura, en tout temps comme en tout lieu,

$$R = \frac{S}{S'} \ldots (F)\,[1].$$

Les désirs de l'homme étant en général toujours supérieurs au pouvoir qu'il a de les satisfaire, aux yeux de presque tous les hommes S' l'emporte toujours sur S, en sorte que nul ne se croit jamais véritablement riche, quelle que soit la grandeur de S, attendu que, par l'étendue de ses désirs, pour lui R est une fraction qui ne saurait atteindre à l'unité de richesse qu'il s'est figurée. En vain S croît, S' croissant encore plus, on reste toujours pauvre, c'est-à-dire qu'on ne peut jamais avoir $R = 1$.

On voit manifestement ici quelle salutaire influence peuvent exercer la Morale et la Religion, qui inspirent la modération des désirs, sur le bien-être des individus composant les nations sur-tout civilisées : envisagées sous ce point de vue, ces sublimes connaissances deviennent la branche la plus essentielle de la science du bonheur des hommes, but le plus élevé qu'on puisse se proposer d'atteindre. Qu'il nous suffise de l'avoir fait entrevoir : laissons aux législateurs

---

(1) C'est-à-dire que R ÉGALE S *divisé par S'*.

et aux hommes vraiment éclairés et dégagés de tous préjugés, à en tirer les conséquences.

Que si, pour fixer les idées, ou plutôt *parce que c'est réellement la vérité*, on appelle *aisance* le pouvoir de satisfaire, sans luxe, aux besoins suivans : se *nourrir*, se *vêtir*, se *loger*, se *chauffer*, se *meubler*, s'*éclairer*, l'état de *richesse* commencera immédiatement au-dessus du pouvoir de satisfaire à ces besoins, et l'état de *pauvreté*, immédiatement au-dessous.

Si, par exemple, dans un lieu ou un temps donné, la satisfaction des besoins dont on vient de parler coûte 150 décagrammes d'argent, et si le profit net annuel sur les choses qu'on possède, s'élève à 150 décagrammes d'argent, l'équation (F) devenant dans ce cas, $R = 1$, on sera *aisé*, puisque l'*aisance* a été prise pour unité de richesse. Que si, dans un autre temps ou un autre lieu, les choses à se procurer constituant l'*aisance*, coûtent moins de 150 décagrammes d'argent, avec 150 décagrammes d'argent à dépenser on sera d'autant plus riche que ces choses à acheter coûteront moins. Que si les choses à acheter coûtent plus de 150 décagrammes d'argent, et qu'on n'ait à dépenser que moins de cette somme, la *pauvreté* sera d'autant plus grande que les choses à acheter constituant l'*aisance*, coûteront au delà.

D'ailleurs, les 150 décagrammes d'argent pourraient avoir une valeur différente selon les temps et les lieux, puisque cette valeur dépend du taux de l'intérêt auquel l'argent se place. D'où il suit que, le revenu étant donné,

Pour juger de la richesse en tout temps et en tout lieu, on n'a absolument besoin que de connaître le prix actuel des choses dans ce temps ou dans ce lieu, et nullement la valeur de l'argent qui sert à mesurer ces choses dans ce temps ou dans ce lieu.

L'équation (F) montre qu'une fois qu'on a de quoi se procurer les choses constituant l'aisance, on n'est pauvre que parce qu'on veut l'être, c'est-à-dire que parce qu'on ne veut pas contenir ses désirs au niveau de son revenu. Plus on modère ses désirs, plus on est riche, une fois qu'on a d'ailleurs atteint le degré de richesse que nous avons caractérisé sous le nom d'*aisance*. Que si on lâche la bride aux désirs, et qu'on ne les règle pas sur le revenu, on s'appauvrit d'autant plus rapidement que les désirs sont plus immodérés, eu égard au revenu qu'on a.

Cette même équation (F) montre que la richesse augmente, soit que S croisse, soit que

S' diminue. Ainsi, accroître son revenu est augmenter sa richesse, le prix des choses désirées ne changeant d'ailleurs pas; et, le revenu ne changeant pas, la baisse du prix des choses désirées augmente aussi la richesse. Par exemple, si le revenu est représenté par 10 kilogrammes d'argent dans un cas, et si par son industrie on sait le porter à 20 kilogrammes d'argent dans un autre cas, le prix des choses désirées ne changeant pas, on sera, dans le dernier cas, le double plus riche que dans le premier cas; ou bien, le revenu restant invariable et représenté par 10 kilogrammes d'argent, on sera de même le double plus riche, si le prix des choses désirées vient à baisser de moitié (1).

---

(1) La richesse, comme on voit, ne dépend pas *du tout* de la valeur intrinsèque plus ou moins forte que peut avoir l'argent. Ainsi, le rentier de l'état touchant 5^f de rente, aujourd'hui que l'intérêt de l'argent est à 4 pour %, comme il les touchait lorsque l'intérêt était à 5 pour %, reçoit réellement une valeur de 1/5 moindre aujourd'hui que par le passé. Mais sa richesse est-elle diminuée pour cela? Voilà la question, et elle se résout par la connaissance du prix des choses à acheter. Or, il est de fait que les choses ont singulièrement baissé de prix depuis quelques années, et que, ce qui coûtait 5^f alors ne coûte peut-être pas aujourd'hui, en général, plus de 3^f (*). Dans cette supposi-

(*) Cela est peut-être encore au-dessous de la vérité pour les principaux produits de l'agriculture

La *comptabilité de la fortune*, dont on va s'occuper dans le livre suivant, fera parfaite-

---

tion, la richesse du rentier qui, il y a quelques années, était exprimée par le rapport de 5^f à 5^f, l'est aujourd'hui par le rapport de 5^f à 3^f, c'est-à-dire que sa richesse se trouve augmentée de 2^f. Or, puisque le vœu de la loi qui règle l'impôt est de frapper de $^1/_5$ d'impôt tout accroissement de richesse, il s'ensuit qu'on doit frapper les 2^f dont on vient de parler, de 40^c d'impôt; que, par conséquent, chaque 5^f de rente étant frappés de 40^c d'impôt, les 197 millions formant la rente totale perpétuelle doivent être frappés de 15,760,000^f d'impôt, somme dont on doit dégrever les autres contribuables, en proportion de la plus grande baisse de prix des produits constituant leurs revenus, eu égard aux frais qu'ils coûtent actuellement à produire et à la quantité de la production. Les salariés semblent devoir être de même imposés, en proportion de la diminution du prix des choses, qui a accru leur richesse, et les producteurs de ces choses, qui ont perdu de leurs revenus par la baisse des prix, doivent éprouver une réduction proportionnée dans l'impôt qu'ils paient.

Voilà, à notre avis, ce que semble réclamer impérieusement l'exacte, la rigoureuse justice.

Si les principes d'où nous avons déduit nos raisonnemens sont justes et les faits cités exacts, nos conclusions doivent être vraies. S'ils sont faux, on voit de plus en plus combien il importe de trouver les vrais principes de la science, puisque, eux seuls, sont capables d'amener à la solution de toutes les questions d'économie privée et publique qu'on peut se proposer de résoudre. Alors, au clinquant d'intarissables discours, on pourra substituer la vérité toute nue, à qui, seule, de quelque côté et sous quelque face qu'on l'envisage, il est donné de briller d'un éclat pur.

ment ressortir la position dans laquelle on se trouve annuellement par suite de ces variations.

Si l'on exprime par T l'impôt ou tribut annuel exigé par le gouvernement, par D la rente annuelle à payer pour les dettes qu'on peut avoir précédemment contractées, par F les folles dépenses annuelles qu'on est dans le cas de faire, l'équation (F) de la richesse devient évidemment

$$R = \frac{S - (T + D + F)}{S'} \dots\dots (G) \,^{(1)}.$$

Lorsque T, D, F, ajoutés, égalent S, on a R = o, c'est-à-dire qu'on n'a absolument rien pour pourvoir même aux plus indispensables besoins, en sorte qu'on est obligé de recourir, soit aux emprunts, soit à la vente des choses produisant les revenus, soit aux aumônes.

Que si la somme de T, D, F l'emporte sur S, R devient négatif, c'est-à-dire qu'on a moins que rien pour pourvoir à ses besoins, en sorte que le remède pour y pourvoir devient plus violent encore.

Les équations (F) et (G) ne sont pas seulement applicables aux individus pris isolément, elles le sont aux nations considérées en masse.

---

(1) C'est-à-dire que R ÉGALE S, *moins la somme de* T, D *et* F, *divisé par* S'.

Le rapport de la somme en argent représentant les produits annuels des choses possédées, à la somme en argent représentant annuellement les consommations, est, en effet, l'expression de la richesse, soit qu'il s'agisse d'un particulier, soit qu'il s'agisse d'une nation en masse. Si le particulier, si la nation payent un impôt ou tribut, s'ils ont contracté des dettes envers d'autres particuliers ou nations, s'ils font de folles dépenses, l'équation (G) leur montre la position dans laquelle ils se trouvent.

Il ne faut pas confondre l'état des affaires d'un gouvernement avec l'état des affaires de la nation qu'il régit. Le gouvernement peut se mettre très-mal dans ses affaires, par l'énormité des pensions (tributs) qu'il paie, les dettes qu'il contracte, les folles dépenses qu'il fait (1), et la nation être dans un état très-prospère. *Le gouvernement,* dira-t-on, *accroîtra l'impôt ;* mais, en le faisant, il s'expose à la haine, au soulèvement des peuples. *Il empruntera ;* mais, en empruntant, il ne fait qu'aggraver sa fâcheuse position, que reculer, mais rendre plus éclatant l'instant fatal de sa chute ; car, c'est

-----

(1) L'équation (G) lui fait voir à tout instant la critique position où il se met.

sur-tout, et radicalement, par la bonne ou mauvaise administration des finances qu'un gouvernement prospère ou périt. Tel est l'inévitable et nécessaire enchaînement des choses (1).

-----

(1) Emprunter pour consommer est, pour un gouvernement comme pour un particulier, courir à sa ruine. Ce n'est pas la nation qui se ruine, si l'argent, emprunté à des Français, va à des Français : c'est, de toute évidence, le gouvernement.

Étonnant spectacle ! et qui prouve à quel point la science économique est ignorée : toujours les amis du gouvernement donnent la main aux nouveaux emprunts qu'il veut contracter, et toujours ceux qui passent pour ses ennemis s'y opposent ! et, cependant, rien n'est plus véritable (à part le cas d'*absolue nécessité*, c'est-à-dire du *péril le plus imminent*), qu'en agissant ainsi ceux-ci défendent la stabilité du trône, et que ceux-là en sapent les fondemens.

On voit combien un gouvernement jaloux de se perpétuer doit, à cet égard (et à bien d'autres encore, sans doute !), se méfier des conseils imprudens ou de l'avis de ses plus chauds partisans ; mais si, dans telle question qu'on peut soulever, les votes étaient intéressés, combien cette méfiance ne devrait-elle pas redoubler !.... La première loi, est celle de son propre salut.... S'il est des plaies à fermer (et certes, il en est), pour n'en pas devenir la victime, *il faut EXCLUSIVEMENT y pourvoir par des ÉCONOMIES sur les dépenses publiques.* Une maxime, incessamment présente à l'esprit des conseillers et des amis de la couronne, doit être à coup sûr celle-ci : Que *les emprunts AFFAIBLISSENT LA PUISSANCE qu'ils semblent momentanément accroître; qu'ILS L'ENTRAÎNENT A SA PERTE, et PEUVENT ENFIN L'ENGLOUTIR.* Insensés ! nous

Nous nous arrêtons, en ayant sans doute assez dit sur cette matière, et toute application pratique qu'on voudrait faire étant de la dernière facilité.

---

voulons la perpétuité des dynasties, et, à chaque instant, par nos actions nous attaquons au cœur leur avenir! En vérité, à nous voir, à nous entendre, on dirait presqu'en tout point, que nous en sommes les plus adroits et plus mortels ennemis. Tous systèmes sont dangereux, faux et vains en fait d'administration : le *SEUL* qu'un particulier et un gouvernement doivent suivre est indiqué par cette maxime : *Pour prospérer LE PLUS POSSIBLE, il faut, LE PLUS POSSIBLE, maintenir sa dépense au-dessous de son revenu.* Hors de là, il n'est qu'illusions fatales : vérité triviale, mais qui paraît toujours nouvelle, tant notre nature nous en éloigne!

CHAPITRE III.

Définitions.

La confusion des mots a produit, jusqu'à présent, dans les auteurs qui ont traité de l'Économie politique, la confusion des choses. On a écrit des volumes sur des matières en elles-mêmes très-simples, ce semble ; et, se confondant en efforts pour tâcher de les éclaircir, on les a, en effet, embrouillées de plus en plus, au point que les vrais principes de la science existent aujourd'hui bien plutôt, à notre avis, dans le bon sens populaire, que dans les écrits des savans.

Voici donc, d'après tout ce qui précède, la signification précise que nous croyons qu'on doit attacher aux mots :

Fortune ou *capital.* Somme en argent que représentent les choses possédées.

Revenu ou *rente.* Somme en argent que représentent les produits nets annuels des choses possédées.

Profit annuel. Accroissement annuel qu'éprouve la fortune. (La quantité dont la fortune pourrait au contraire diminuer, serait la *perte annuelle.*)

Profit partiel annuel. Celui dont une chose distincte possédée, ou autre sujet spécial, est annuellement l'occasion. (La *perte partielle annuelle* est celle dont une chose distincte possédée, ou autre sujet spécial, est annuellement l'occasion.)

Prix d'une chose. Quantité d'argent qu'on achète ou vend couramment cette chose.

Valeur, en général. Degré d'estime qu'on fait de.....

Valeur de l'argent. Est indiquée par le taux de l'intérêt auquel on le place couramment.

Valeur d'une chose. Prix de la chose, eu égard à l'intérêt courant ou valeur de l'argent. *Valeur* se prend le plus souvent pour *chose ayant un prix,* à cause que le prix est en effet généralement indicatif de la valeur, puisque les variations de l'intérêt courant de l'argent sont rares, et que cet intérêt, par la facilité qu'on a de faire mouvoir l'argent, se maintient à peu près égal partout (1).

____

(1) De toutes les choses possédées, la plus éminemment transportable, est celle qui tend le plus à acquérir une valeur égale en tous lieux. C'est pourquoi, si les institutions des divers peuples de la terre offraient aux prêteurs d'égales garanties, si les relations commerciales étaient fréquentes et entièrement libres, si la confiance des prêteurs, en un mot, était entière, univer-

Coût d'une chose. Représentation en argent de tout ce qu'il faut employer pour la fabriquer. La différence du *coût* au *prix* de vente est le *profit* que fait le fabricant : le profit, comme on voit, peut augmenter, soit que le prix de vente augmente (le coût ne changeant pas), soit que le coût, par l'intelligence du fabricant, diminue (le prix de vente restant le même). Le consommateur paye au plus bas prix la marchandise lorsqu'il se trouve sur les lieux où on la fabrique, et peut l'acheter directement du fabricant : le port, le profit des négocians, des détaillans, etc., sont ainsi évités. Toutefois, malgré ces derniers surcroîts de dépense, il y a souvent avantage pour le consommateur à acheter la marchandise venant de loin, plutôt que celle qu'on fabrique sur les lieux, parce que la différence de per-

---

selle, égale, l'argent se rendant aux lieux où l'intérêt serait à plus haut taux, sa valeur deviendrait bientôt partout égale. Alors, à tout instant, le prix serait, dans le monde entier, indicatif de la valeur des choses, comme il l'est dans tous les lieux où l'intérêt de l'argent est le même. C'est cette tendance de l'argent à se niveler partout en valeur, jointe à son inaltérabilité, à sa divisibilité, etc., qui l'a fait adopter universellement et très-justement comme mesure de la valeur de toutes les autres choses possédées, l'uniformité de valeur étant, en effet, la qualité essentielle de la mesure de la valeur.

fection des moyens de produire rend le coût
moindre, la fabrication plus soignée ou meilleure, etc., dans le lieu d'où vient la marchandise que dans le lieu où l'on est.

Richesse , en général. Rapport du revenu à
la somme en argent représentant les choses qu'on
désire annuellement acquérir.

Aisance ou *bien-être.* Pouvoir de satisfaire,
sans luxe, avec le revenu, aux besoins suivans :
se *nourrir,* se *vêtir,* se *loger,* se *chauffer,* se
meubler, s'*éclairer ;* c'est-à-dire, revenu égal
à la somme annuelle qu'exige, dans le lieu où
l'on se trouve, la satisfaction de ces six besoins.

Riche. Celui dont le revenu excède la somme
nécessaire à se procurer l'*aisance* ou *bien-
être* (1). Cet excédant de revenu, cette *sur-
aisance,* est ce que le bon sens populaire a dès
long-temps caractérisé sous le nom de *richesse*
de l'individu.

---

(1) M. J.-B. Say dit que *la comparaison de la richesse de
deux nations est la quadrature du cercle de l'Économie politique.*

Par *richesse,* M. J.-B. Say entend-il la *fortune* possédée ?
Certes, l'évaluation n'en est pas impossible. Entend-il l'*aisance*
ou *bien-être* des peuples ? Certes, on peut aussi l'apprécier, par
le nombre plus ou moins grand de pauvres, eu égard à la masse
de la population que contient chaque pays. Entend-il le rapport

Pauvre. Celui dont le revenu ne suffit pas à se procurer l'*aisance* ou *bien-être.* L'insuffisance plus ou moins grande du revenu constitue la *pauvreté* plus ou moins grande.

Luxe. Dépense qu'on fait en sus de celle nécessaire à se procurer l'*aisance* ou *bien-être.* Le luxe est la conséquence naturelle de la richesse, puisque ce n'est, généralement, que l'*usage de cette richesse.* Provocateur du travail, le luxe tend à faire disparaître la misère et à multiplier la population.

Argent, en général. S'entend de l'*or,* de l'*argent,* du *papier* (inspirant une confiance parfaite) en tenant lieu.

---

du *revenu* d'une nation à la somme représentant tous les produits qu'elle consomme annuellement, eu égard à la nature de ces produits? Entendrait-il le pouvoir que donnent aux gouvernemens les *revenus* plus ou moins forts dont ils jouissent, ou pourraient au besoin jouir? Sous ces nouveaux rapports, la question n'est pas non plus insoluble.

Sous aucun rapport donc, à notre avis, la question ne paraît insoluble, *du fait de* l'Économie politique. Si elle l'était (ce que nous sommes loin de penser), ce ne serait évidemment que *du fait de la* Statistique, qui ne pourrait fournir les données suffisantes. Or, M. J.-B. Say fait observer lui-même, avec beaucoup de raison, à notre avis, que la *Statistique* et l'*Économie politique* forment deux sciences distinctes.

Nous le répétons : faute de définitions précises et nettes, COÏNCIDANT AVEC LES ACCEPTIONS VULGAIRES, on en est venu au point de ne s'entendre plus, et d'accréditer des erreurs d'autant plus dangereuses que, proclamées comme vérités incontestables par un nombre toujours croissant de voix, elles menacent de se glisser jusque dans la législation même.

FIN DU LIVRE PREMIER.

LIVRE II.

COMPTABILITÉ DE LA FORTUNE, EMBRASSANT LE CERCLE ENTIER DES VOIES PAR OÙ ELLE ARRIVE OU S'ÉCOULE.

CHAPITRE I.er

Exposé de la Comptabilité.

§. I.er *Notions générales.*

Le premier soin de quiconque possède, doit naturellement être de chercher à connaître le capital possédé ou fortune qu'il a.

Ce capital se compose, en général, de la réunion d'un plus ou moins grand nombre de capitaux partiels. A l'égard d'un domaine, par exemple, chaque pièce de terre est un capital partiel ; chaque denrée en magasin, chaque sorte d'animaux, les bâtimens ruraux, la maison, les instrumens aratoires, etc., etc., sont, tout comme l'argent placé, tout comme l'argent en caisse, des capitaux partiels.

L'évaluation en argent de chaque capital partiel, et ensuite l'addition de toutes les évaluations, font connaître le capital entier possédé.

Le but de la gestion doit être de retirer de chaque capital partiel, et, par suite, du capital entier possédé, le plus grand profit possible.

Par profit, on n'entend que le produit net retiré, c'est-à-dire, défalcation faite de tout ce qu'il a coûté à obtenir. Ainsi, un champ valant 2000^f, par exemple, a rapporté des denrées valant 200^f; mais les frais faits pour obtenir ces denrées, et l'impôt qu'il a fallu payer, montent à 100^f : le champ n'a donc rapporté que 100^f, supposant d'ailleurs que sa valeur 2000^f n'ait point changé; car si, par une cause quelconque, il se trouvait valoir 2100^f, par exemple, la valeur créée n'aurait pas été 100^f seulement, mais 200^f; que si le champ ne valait plus que 1900^f, la perte balançant le gain, la valeur créée aurait été nulle; que si, enfin, le champ ne valait plus que 1800^f, loin qu'il y eût eu profit, la perte serait de 100^f. Cet exemple fixe les idées, et fait voir, conformément à la définition précédemment donnée, que *profit* est synonyme de *création de fortune*; et *perte*, de *destruction de fortune*.

Le but de la comptabilité doit être de montrer clairement à la fin de l'année le *profit* ou la *perte*, non-seulement sur le capital entier ou fortune, mais sur chacun des capitaux partiels possédés, sur chacune des sources quelconques de *profit* ou de *perte* que peut présenter la gestion.

Pour parvenir à ce but, il est indispensable d'ouvrir à chaque capital partiel, à chaque source de profit ou de perte, un compte spécial, et d'y noter :

1.º La valeur en argent (s'il en a une) de l'objet en compte, au premier jour de l'année; 2.º la valeur en argent des avances faites à l'objet (s'il y a lieu) durant l'année.

D'autre part,

1.º La valeur en argent de ce qu'a fourni l'objet (s'il y a lieu) durant l'année; 2.º la valeur en argent (s'il en a une) de l'objet en compte, à la fin de l'année.

Additionnant de part et d'autre, et soustrayant la plus petite somme de la plus grande, il est clair qu'on aura le *profit* ou la *perte* sur l'objet en compte, durant l'année.

Enfin, additionnant, 1.º les *profits*, 2.º les *pertes* des divers comptes, et soustrayant la plus petite somme de la plus grande, il est évident qu'on aura le *profit* ou la *perte*, dans l'année, sur l'ensemble de la gestion, c'est-à-dire sur la fortune ou capital entier possédé (1).

§. II. *Registre des comptes.*

Si, au compte ouvert de chaque objet, on voulait inscrire journellement en détail chacune des valeurs qu'il reçoit et chacune des valeurs qu'il donne, il faudrait, pour ainsi dire, un registre spécial pour chaque objet, ce qui serait d'un grand embarras; mais, en ne portant qu'en bloc chaque nature de dépense et de recette, *lorsqu'elle sera complètement effectuée ,* le compte annuel ne tiendra que quelques lignes , et, en conséquence, deux feuillets (2), consacrés à chaque compte, suffiront pour plusieurs

---

(1) Quant à la variation de valeur de ce capital entier possédé , on doit se souvenir qu'elle est donnée par l'équation (A), page 21 ; par exemple, si, il y a dix ans, la fortune s'élevait à 100,000^f, et si alors l'intérêt courant de l'argent était 5 pour %; et si aujourd'hui la fortune s'élève à 200,000^f, et si l'intérêt de l'argent est 4, on a, d'après l'équation citée, pour expression de la valeur actuelle, $v = \frac{8}{5} V$, ce qui fait voir que la valeur de tout ce qu'on possède s'est accrue de 3/5. Quant à la variation de la richesse, *voyez* ce qu'on a dit, Liv. 1, Chap. iii.

(2) C'est-à-dire quatre pages, chacune desquelles pourra être divisée en deux et même en trois, ce qui doublera ou triplera la durée du registre.

années, et, par conséquent, un seul registre pour l'ensemble des comptes que comprend la gestion. Il conviendra, au reste, de réserver un plus grand nombre de feuillets pour les comptes, presque toujours en petit nombre, où l'on présumera devoir faire plus fréquemment des inscriptions.

Le compte ouvert à chaque objet (*voir modèle* A [1]) présentera quatre colonnes : la première, pour la date; la seconde, pour indiquer la nature de l'avance ou du produit; la troisième, intitulée *doit,* indiquera, exprimée en argent, la valeur de l'avance, ce que l'objet a reçu, et que, par conséquent, il *doit;* la quatrième et dernière colonne, intitulée *avoir,* indiquera, exprimée en argent, la valeur fournie par l'objet : c'est ce qu'il *a,* qu'il offre en compensation des avances qu'on lui a faites, et qu'il *devait.*

Conformément à ce qu'on a dit au §. I.er, lors de l'entrée en gestion, on portera au *doit* de l'objet sa valeur estimée en argent; on portera successivement dans cette même colonne chaque nature d'avances ou dépenses, évaluées en argent, qu'on sera dans le cas de faire pour

---

(1) Les modèles se trouvent à la fin du CHAP. II de ce LIVRE.

l'objet. A la colonne *avoir* on portera, de même évaluée en argent, chaque nature de produit que fournira l'objet; enfin, au 31 décembre suivant, on portera à l'*avoir* la valeur actuelle de l'objet, pareillement estimée en argent. Additionnant alors les deux colonnes, on verra, en les balançant, c'est-à-dire, en soustrayant la plus petite somme de la plus grande, ce qu'on aura réellement gagné ou perdu sur l'objet, depuis l'entrée en gestion jusqu'à la clôture du compte.

Il est évident que, plus la somme de la colonne *avoir* l'emportera sur la somme de la colonne *doit*, plus le *profit* aura été grand; et que, plus la somme de la colonne *doit* l'emporterait sur la somme de la colonne *avoir*, plus la *perte* serait grande.

Au 1.ᵉʳ janvier suivant, on reportera au *doit* la valeur actuelle de l'objet, comme à l'époque de l'entrée en gestion, et l'on se conduira en tout point, ensuite, comme il vient d'être prescrit; et ainsi de même, d'année en année (1).

____

(1) *Débit* et *crédit* sont souvent employés dans le sens de *doit* et *avoir; passif, actif,* sont aussi synonymes des précédens. On voit ici que DOIT signifie VALEUR, 1.º *de l'objet à l'ouverture du compte;* 2.º *des avances faites depuis l'ouverture jusqu'à la clôture du compte;* et que AVOIR signifie

Ainsi se trouvera constatée rigoureusement, au dernier jour de chaque année, la valeur créée ou détruite dans l'année sur chacun des comptes partiels qu'embrasse la gestion.

§. III. *Tableau synoptique des comptes*, ou *Relevé annuel du registre*.

Pour saisir d'un coup d'œil, en masse et en détail, le résultat annuel de la gestion, on fera, annuellement, le relevé des comptes balancés du registre, sur un tableau divisé en colonnes comme il suit : La première colonne (*voir modèle* B) indiquera la page du registre où se trouve le compte relatif à chaque objet; la seconde colonne indiquera l'objet en compte; dans les colonnes suivantes on inscrira, sous chacune des années successives, 1.º la valeur de l'objet à l'ou-

---

VALEUR, 1.º *des produits fournis par l'objet, depuis l'ouverture jusqu'à la clôture du compte; 2.º de l'objet, à la clôture du compte.* Il est essentiel de s'habituer à cette signification des mots *doit* et *avoir*, qui sont consacrés, et de ne jamais la perdre de vue. Que si pourtant on répugnait à faire usage des mots *doit* et *avoir*, on pourrait, abrégeant les significations ci-dessus, substituer au premier mot *vaut, reçoit,* et au second *donne, vaut,* chacune de ces expressions se rapportant d'ailleurs à l'objet en compte; ou bien même, on pourrait n'écrire tout simplement que *reçoit* pour *doit,* et *donne* pour *avoir.*

verture des comptes (qui est celle de l'objet à la clôture des comptes de l'année précédente); 2.° et 3.° le *profit* ou la *perte* sur chaque objet, d'après la balance de son compte spécial au registre. Totalisant au bas du tableau, et retranchant le total des *pertes* du total des *profits*, ou l'inverse, on aura le *profit* total ou la *perte* totale de l'année.

Si ce profit grossit d'année en année, ce sera une preuve certaine de la prospérité de la fortune, et, d'un coup d'œil, on saisira, sur le *Tableau synoptique*, chacune des sources qui auront le plus contribué à amener cette prospérité, comme chacune de celles qui auraient pu lui porter atteinte; en un mot, vis-à-vis de chaque objet on verra, année par année, l'accroissement ou la diminution de rente qu'il aura procuré, et l'on jugera, d'après la valeur de l'objet à l'ouverture du compte (1), le taux de l'intérêt comparativement au capital, ce qui sera la mesure de la bonté des spéculations faites annuellement sur cet objet.

---

(1) Si l'on voulait avoir égard à l'intérêt des avances annuelles, le taux du placement devrait se juger en comparant le *profit* aux sommes réunies du capital et des avances faites, c'est-à-dire, à la somme du *doit* au 31 décembre.

La valeur actuelle de l'objet sera reportée de suite à la première colonne de l'année suivante, de même que, sur le registre, on l'a reportée au *doit* du compte, pour ouvrir le compte de la nouvelle année.

§. IV. *Vérification de la comptabilité annuelle.*

Il est aisé de voir que, dans le mode de comptabilité dont il s'agit, à l'exception de la valeur du capital portée en tête du *doit* à l'ouverture du compte, et de celle du même capital portée au bas de l'*avoir* lors de la clôture du compte, tout sujet de recette pour un compte est un sujet de dépense pour un autre, et réciproquement ; c'est-à-dire, que tout article porté au *doit* d'un compte est porté à l'*avoir* d'un autre compte, et que de même tout article porté à l'*avoir* d'un compte est nécessairement porté au *doit* d'un autre compte. En effet, ce qu'on porte au *doit* d'un compte, ou on l'avait, ou on l'a acheté : si on l'avait, on a dû le porter à l'*avoir* du compte d'où on l'a sorti; si on l'a acheté, on a dû porter sa valeur à l'*avoir* de la *caisse* qui l'a payé. De même, tout ce qui est porté à l'*avoir* d'un compte est porté au *doit* d'un autre compte; car, ce qu'on retire d'un compte et qu'on porte à son *avoir*, ou on le garde, ou on le vend : dans le premier cas, on le porte au *doit* du compte qui le reçoit, et, dans le second cas, au *doit* de la *caisse*, qui reçoit la valeur de l'objet vendu.

Si, sans aucune exception, toute valeur déplacée est portée au *doit* d'un compte et à l'*avoir* d'un autre, et réciproquement, de toute nécessité la somme des valeurs déplacées portées au *doit* des divers comptes, doit être égale à la somme de ces valeurs portées à l'*avoir*. Donc, de toute nécessité, en soustrayant de la somme de tous les capitaux à la clôture des comptes, la somme de tous les capitaux à l'ouverture des comptes, ou l'inverse, on doit obtenir le *profit* total ou la *perte* totale sur l'ensemble de la gestion annuelle.

Un pareil résultat, d'ailleurs assez évident par lui-même, fournit un moyen très-simple de vérifier toute la comptabilité annuelle, puisque, s'il n'y a pas d'erreurs, la différence des sommes des capitaux, 1.° à l'ouverture, 2.° à la clôture des comptes, doit être exactement égale à celle qui existe entre les sommes, 1.° des *pertes* partielles, 2.° des *profits* partiels.

RÉSUMÉ.

La théorie de la comptabilité qu'on vient d'exposer est générale, c'est-à-dire, applicable à toute fortune : elle consiste essentiellement, ainsi qu'on l'a vu,

1.° A ouvrir un compte à chaque capital partiel, ou agent de *profit* ou de *perte* dont on dispose; à porter au *doit* du compte la valeur que ce capital partiel représente au moment de l'ouverture du compte, et successivement ensuite la valeur en bloc de chaque nature d'avances qu'on lui fait; à porter successivement à l'*avoir* la valeur en bloc de chaque nature de produits que le capital partiel fournit, et la valeur de ce capital partiel même, au moment de la clôture du compte; à additionner la colonne du *doit* et la colonne de l'*avoir*; à soustraire la plus petite somme de la plus grande, ce qui fait connaître le *profit* ou la *perte* sur le capital partiel, depuis l'ouverture jusqu'à la clôture du compte;

2.° A réunir en tableau les *profits* et *pertes* de tous les comptes partiels; à additionner la colonne *profits*; à additionner la colonne *pertes*; à soustraire la plus petite somme de la plus grande, ce qui fait connaître le total du *profit* ou de la *perte* sur le capital entier possédé, depuis l'ouverture jusqu'à la clôture de la comptabilité;

3.° Dans le but de vérifier la comptabilité annuelle, et dans le but aussi d'embrasser d'un coup d'œil l'état de la fortune à l'ouverture et à la clôture des comptes, à porter sur le tableau dont on vient de parler, vis-à-vis de chaque capital partiel, sa valeur, 1.° à l'ouverture du compte; 2.° à la clôture du compte; à additionner les deux colonnes; à soustraire la plus petite somme de la plus grande, ce qui fait connaître de nouveau le *profit* ou la *perte* sur le capital entier possédé, et, par conséquent, si l'on a ou non commis des erreurs dans la tenue de la comptabilité.

(Voyez, à la suite des modèles, l'*Exemple en tableau de comptabilité, roulant sur un petit nombre de comptes :* parlant aux yeux, il fera concevoir, mieux que tout ce qu'on a dit, le mécanisme de la comptabilité.)

On voit combien peu d'écritures exige la tenue d'une pareille comptabilité, puisque, en définitive, tout se réduit à noter dans deux endroits chaque déplacement de valeur qui s'opère dans la gestion. Un pareil soin, qu'on peut, ce semble, exiger de l'individu le plus borné, s'il sait écrire, ne demandera pas peut-être une heure de travail par semaine, même sur un établissement assez vaste. Il suffira cependant à faire connaître, à faire apprécier à la fin de l'année, les sources du *profit* et de la *perte* ; à montrer où l'on a fait bien, où l'on a fait mal, où l'on a fait le mieux, et, par conséquent, ce qu'il convient de faire et d'éviter ; en un mot, juge impartial et moniteur infaillible, ce genre de comptabilité tendra sans cesse à mettre le gérant dans la meilleure voie.

·CHAPITRE II.

Application de la Comptabilité à une Exploitation rurale, et à l'ensemble des affaires qu'on peut avoir.

§. I.er *Classement des comptes.*

On peut remarquer en général trois sortes de spéculations distinctes dans une exploitation rurale, lesquelles nous paraissent devoir déterminer le classement des comptes :

1.º *Celle, objet spécial de l'agriculture proprement dite, faite directement sur la terre pour lui faire produire des valeurs.* Elle demande qu'on ouvre à chaque pièce de terre, qu'on désignera par un numéro, un compte particulier au registre. On pourra inscrire les pièces de terre par sections, dans cet ordre : Champs, Prés, Vignes, Bois, etc., en suivant d'ailleurs, dans chaque section, l'ordre de numéro des pièces; on facilitera ainsi à la fois le résumé particulier que l'on sera dans le cas de faire des produits de chaque section, et les recherches à faire dans le registre (1).

2.° *La spéculation, en quelque sorte purement mercantile, mais généralement inévitable, faite sur les produits obtenus de la terre, en les emmagasinant, au lieu de les vendre au moment même où on les récolte.* Cette spéculation, bien différente de la première, demande qu'on ouvre, à la suite des comptes de la terre dans le registre, un compte à chaque nature de produit, afin de pouvoir juger (d'après la différence de valeur au moment de la récolte, et au moment où la denrée sort du magasin pour être vendue ou consommée, et d'après les frais occasionnés et les déchets éprouvés) du *profit* ou de la *perte* dont l'emmagasinement a été l'occasion à l'égard de chaque produit, et ensuite de l'ensemble des produits, si on le juge nécessaire. Immédiatement après la colonne *dates*, de chaque compte de cette classe, il sera bon de mettre trois colonnes indiquant les QUANTITÉS, 1.° *entrées*, 2.° *consommées*, 3.° *vendues*. On pourra d'ailleurs suivre l'ordre alphabétique des produits, pour l'inscription de leurs comptes au registre.

------

(1) On pourrait aussi désigner les pièces de terre par des noms, et les classer par ordre alphabétique, dans chaque section.

3.° La troisième spéculation, distincte de celles dont on vient de parler, et, jusqu'à un certain point, presque toujours inévitable comme la seconde, est celle qui consiste *à faire consommer dans l'exploitation même la totalité ou partie des denrées, au lieu de les mettre en vente au moment de la récolte ou après avoir séjourné plus ou moins de temps en magasin.* Par cette spéculation, pour ainsi dire manufacturière, on transforme les denrées en d'autres valeurs, comme journées de travail (indispensables à l'exploitation) que fournissent plusieurs des agens de la consommation, élèves d'animaux divers, fumiers (indispensables à l'exploitation), chair, laine, etc. Cette sorte de spéculation nécessite qu'on ouvre, à la suite des comptes des classes précédentes, de nouveaux comptes à chaque nature d'agens consommans, afin de mettre à même d'apprécier le *profit* ou la *perte* sur chacun d'eux, et, par suite, sur leur ensemble, si on le désire. On pourra également suivre l'ordre alphabétique pour l'inscription des comptes de cette troisième classe au registre.

Tel pourra donc être le classement et l'ordre des comptes au registre. A l'égard des comptes que ces trois divisions ne comprendront pas, on les mettra à la suite, dans tel ordre qu'on jugera convenable, en finissant par ceux qui n'auront pas de rapport avec l'exploitation rurale, s'il en existe de tels, et supposé qu'on veuille faire embrasser à la comptabilité l'ensemble des affaires, ce qui est sans aucun inconvénient, puisqu'on a toujours la faculté de s'assurer, en faisant le relevé des comptes sur le *Tableau synoptique*, des *profits* ou *pertes*, 1.º par section, 2.º par classe, 3.º par réunion de classes de comptes formant gestion distincte. Dans tous les cas, comme on l'a prouvé au CHAP. Iᵉʳ, le total général des capitaux de toute nature possédés lors de l'ouverture des comptes, soustrait du total général des capitaux de toute nature possédés à la clôture des comptes, ou l'inverse, donnera le *profit* total ou la *perte* totale sur l'ensemble des affaires, et devra cadrer parfaitement avec le résultat définitif de la balance des *profits* et *pertes* de la totalité des comptes : toute anomalie à cet égard serait un indice certain d'erreur dans la comptabilité.

Il sera bon d'avoir un plan du domaine, où toutes les soles ou pièces de terre quelconques, qui doivent avoir chacune un compte ouvert au registre, seront désignées par un numéro. Ce numéro, comme on l'a observé, sera en effet très-commode, pour indiquer, de la manière la plus briève, la pièce de terre, et faciliter la recherche de son compte au registre ; ainsi l'on dira : *Champ, n.°*....., ou *sole I, sole II*, etc. ; *pré, n.°*.....; *vigne, n.°*.....; *bois, n.°*.....; etc. Le *froment*, l'*avoine*, etc. ; la *paille*, le *foin*, etc. ; les *domestiques*, les *journaliers*, etc. ; les *bêtes à laine*, les *chevaux*, les *bœufs*, etc. ; en un mot, tous les objets ou agens auxquels on aura ouvert un compte spécial, seront indiqués par leurs noms sur le registre.

§. II. *Tenue des Comptes.*

Au *doit* de chaque compte qui en sera susceptible, on inscrira, comme il a déjà plusieurs fois été dit, lors de l'ouverture de la comptabilité annuelle (au 1.er janvier), la valeur actuelle en argent de l'objet en compte. Tout déplacement de valeur qui ensuite aura lieu, sera inscrit, *à la date du jour où il sera complètement opéré*, 1.° à l'*avoir* du compte qui a fourni la valeur, 2.° au *doit* du compte qui l'a reçue : cette règle, ainsi qu'on l'a prouvé précédemment, ne souffre absolument aucune exception, et dans son observance réside essentiellement la comptabilité (1). La valeur déplacée sera cons-

____

(1) Si l'on ne se trouve pas sur les lieux, on peut fort bien,

tamment exprimée en argent dans les comptes, au cours actuel du lieu; chez nous par exemple, en général, une journée d'homme vaut 1^f 25^c; d'une paire de bœufs avec son conducteur, 3^f 50^c; d'un cheval avec son conducteur, 3^f 00^c (1);

---

au moyen d'un double plan du domaine où les diverses pièces de terre sont numérotées, s'entendre sur toutes les opérations à exécuter; et, en se faisant rendre compte des *déplacemens de valeurs opérés* (chose très-facile), tenir ou faire tenir sous ses yeux la comptabilité, à quelque éloignement qu'on soit de l'exploitation.

(1) On ne peut s'empêcher de faire remarquer ici à quel point il importe de ne pas laisser chômer les agens de la main-d'œuvre; par exemple, dans une exploitation où l'on emploie habituellement six attelages de bœufs et quatre attelages simples de chevaux, chaque jour qu'ils ne travaillent pas entraîne, aux prix indiqués, une perte de 33^f (12^f 50^c pour les conducteurs, et 20^f 50^c pour les animaux de travail.) Il nous semble à ce sujet que, généralement, on est bien plus pénétré de la nécessité de ne pas laisser chômer les ouvriers, que de celle de ne pas laisser chômer les animaux; cependant, la perte dans ce dernier cas est bien plus grande, à part les considérations qui militeraient en faveur des ouvriers. Qu'on se persuade bien toutefois, que l'*avoir* des animaux de travail, c'est sur-tout leur *force*, et qu'on va directement contre ses intérêts et ceux de la société, lorsque, pouvant le faire utilement au dedans ou au dehors de l'exploitation, on ne l'emploie pas pendant huit à neuf heures par jour, d'autant que, loin de nuire aux animaux, c'est un moyen de les entretenir en santé et en vigueur.

Quiconque voudra tenir une comptabilité détaillée, sera bien-

une charge de fumier pesant 2000 livres, 8^f 00^c;
le quintal de foin, 2^f 00^c (1), etc.; mais ces
prix varient, de même que ceux du froment,
de l'avoine, du maïs, du vin, etc., qui ont,
chez nous comme partout ailleurs, un cours
plus ou moins variable, mais à tout instant suf-

---

tôt éclairé sur ses véritables intérêts, non-seulement à l'égard des comptes *main-d'œuvre*, mais à l'égard de tous-autres : aucune source de *profit*, aucune source de *perte* ne lui échappera. Passant par ce creuset, toute spéculation sera appréciée à sa juste valeur : prompte justice sera faite de telle opération, de telle culture qu'on croit très-productive dans le pays, et l'avantage de telle opération, de telle culture qu'on néglige, ou qu'on craint d'étendre, sera, non moins promptement, mis au jour. Sous ce point de vue, la comptabilité devient un moyen puissant de prospérité; et l'on peut affirmer que celui-là seul qui s'appuie sur elle, peut espérer d'atteindre dans sa gestion au *maximum* de perfection.

(1) Faute d'un cours déterminé dans le pays, on assimilera, pour la valeur (comme pour servir de nourriture), à 100 livres foin :

90 livres sainfoin sec; 300 livres sainfoin vert; 90 livres luzerne sèche; 327 livres luzerne verte; 90 livres trèfle sec; 400 livres trèfle vert; 90 livres vesce sèche; 240 livres vesce verte; 100 livres trèfle incarnat sec; 400 livres trèfle incarnat vert; 100 livres panic en fleur sec; 263 livres herbe des prés; 210 livres pommes de terre; 255 livres betteraves; 600 livres fanes de betteraves; 266 livres carottes; 235 livres rutabagas; 500 livres fanes de rutabagas; 525 livres raves; 600 livres choux; 34 livres tourteaux de lin.

fisamment connu, pour pouvoir asseoir la comptabilité sur des bases satisfaisantes. Lors de la clôture de la comptabilité annuelle (au 31 décembre), on portera à l'*avoir* de chaque compte qui en sera susceptible, la valeur actuelle en argent de l'objet en compte ; enfin, on procédera, comme il a été expliqué, à la balance des comptes; puis on reportera, au 1.er janvier suivant, la valeur de l'objet au 31 décembre, au *doit* du compte, ce qui ouvrira la comptabilité de l'année suivante, etc., etc.

Les inscriptions au registre ne devant se faire que lorsqu'un même travail ou déplacement de valeur est complètement opéré, et cela demandant le plus souvent plusieurs jours, et quelquefois plusieurs mois, il sera bon de tenir note, sur un cahier à ce destiné, du travail fait ou de la portion de valeur déplacée chaque jour. Un même travail ou déplacement de valeur venant à être complété, on l'inscrira en bloc, d'après le relevé du cahier des notes, aux deux comptes du registre qu'il concerne.

Toutes les fois que plusieurs comptes fourniront une valeur de même nature à un autre compte, on inscrira en bloc à ce dernier compte la totalité des valeurs partielles reçues : réciproquement, toutes les fois qu'un même compte fournira à plusieurs autres comptes, on inscrira la valeur totale fournie à l'*avoir* du compte; et, au *doit* de chaque compte qui recevra, on portera la valeur partielle reçue. Ainsi, le compte *froment*, par exemple, recevant la récolte de plusieurs champs, on portera en bloc au compte *froment* la quantité de grain reçue, en indiquant les numéros des divers champs d'où cette recette provient : réciproquement, le compte *froment* venant à fournir la semence à plusieurs champs, on l'inscrira en bloc à l'*avoir* du *froment*, en indiquant les numéros des divers champs où elle sera passée, au *doit* de chacun desquels on inscrira la portion de semence reçue.

Souvent, on ne pourra pas de suite évaluer en argent le produit d'une pièce de terre; par exemple, un champ aura donné tant de gerbes de froment, comment en faire l'évaluation à l'*avoir* du champ? une vigne aura fourni tant de vendange? comment l'évaluer en argent à l'*avoir* de la vigne?... On tiendra note que le champ a fourni tant de gerbes, que la vigne a fourni tant de vendange; et, plus tard, lorsque toute la gerbe de l'exploitation sera battue, lorsque toute la vendange de l'exploitation sera convertie en vin, on inscrira sur le registre les valeurs en paille et froment à l'*avoir* de chaque champ, la valeur en vin à l'*avoir* de chaque vigne, en raison du nombre de gerbes, de la quantité de vendange, fournis par chaque champ, par chaque vigne, et en raison du cours actuel de la paille, du froment, du vin; bien entendu que les frais de sciage, battage, etc., pour obtenir le froment, et ceux de toute nature faits pour obtenir le vin, seront répartis, proportionnellement, au *doit* de chaque champ, de chaque vigne, en raison de la gerbe, de la vendange fournies, etc.

§. III. *Estimation des Capitaux partiels.*

On a dit, qu'à chaque ouverture d'un compte, il fallait porter au *doit* la valeur actuelle de l'objet auquel le compte se rapporte; qu'à chaque clôture d'un compte, il fallait porter la valeur actuelle de l'objet à l'*avoir* du compte : comment faire cette estimation?... On va essayer, dans ce §. et le suivant, de répondre à cette question.

Lorsqu'on voudra commencer à établir la comptabilité, l'estimation se fera, 1.º si c'est une pièce de terre, d'après le cours, ou le prix d'achat, ou le revenu moyen précédemment donné (1); 2.° si ce sont des denrées qu'on ait en magasin, on les estimera chacune au cours actuel qu'elle a dans le pays; 3.° si ce sont des animaux, on les estimera pareillement au cours.

Voilà pour le point de départ de la comptabilité. Quant à l'estimation à faire à chaque 31 décembre, on se conformera, en général, aux règles suivantes.

L'estimation des denrées, animaux, etc., se fera, comme précédemment, au cours.

Les améliorations permanentes, comme fossés, haies, défrichemens, épierremens à fond, mé-

---

(1) Dans notre domaine, nous avons, en 1821, estimé chaque pièce de terre vingt fois le revenu net moyen, pris entre un grand nombre d'années, ce qui porte à 5 pour % le taux du placement. Nous pensions que cette estimation ne devait pas être plus forte; car, trouvant à placer l'argent à l'intérêt de 5 pour %, avec des garanties suffisantes, c'eût été, ce nous semblait, vouloir bien gratuitement être dupe, que de ne pas se défaire de capitaux dont on n'eût pas retiré, ou dont on n'eût pas bientôt espéré pouvoir retirer cette rente. Aujourd'hui les choses paraissent changer d'aspect, la rente de l'argent menaçant de tomber à 4 pour % : dès-lors, l'estimation du domaine serait, d'après notre principe ci-dessus, 25 fois le revenu annuel. (En général pourtant, à cause de la solidité du placement, la terre était estimée 33 fois le revenu, lorsque l'argent était à 5 pour % : en suivant l'analogie, lorsque l'argent est à 4 pour %, il faudrait multiplier par 41 le revenu pour avoir la valeur de la terre.)

lange de terres de nature opposée, etc., augmenteront le capital de la terre de tout ce qu'elles auront coûté. Les améliorations qui ne dureront qu'une année, ne l'augmenteront pas du tout, puisque la récolte pour laquelle on les aura faites les aura absorbées. Les améliorations qui, comme défoncemens, labours profonds, plâtrages, marnages, fossés couverts, etc., devront durer plusieurs années (1), augmenteront le capital pendant ce nombre d'années : mais de telle manière que, si l'amélioration doit durer quatre ans, par exemple, le $\frac{1}{4}$ de la valeur de l'amélioration disparaisse la 1.re année, et ne figure par conséquent pas dans l'estimation qu'on fera du capital; un autre quart la 2.e année, un autre quart la 3.e année, et le dernier quart la 4.e année, en sorte qu'alors il ne reste plus rien de l'amélioration faite, dans l'estimation qu'on fera du capital. C'est ainsi que, pour une

---

(1) On supposera, par exemple, que le défoncement, le labour profond, agissent 6 années; le plâtrage, si d'ailleurs le sol n'est pas trop épuisé, 3 années (sur le trèfle, seulement pendant la durée de ce fourrage); le marnage, 16 années (on fumera dans l'intervalle, sans quoi le sol courrait risque d'être promptement appauvri); qu'un fossé couvert a 10 ans de durée, etc. On sent, au reste, que ces fixations de durée sont, pour la plupart, dépendantes de plusieurs causes, qu'on ne peut ici prévoir.

pièce de terre en pente rapide, où l'on devra remonter les terres tous les dix ans, par exemple, on supposera que chaque année ôte au capital le $1/10$ du prix total que coûte ce transport ; que si un orage, cependant, entraînait tout à coup les terres, on devrait soustraire du capital le prix présumé que le remontage des terres entraînées devrait coûter, de même que, le remontage opéré, son prix devrait rentrer tout entier dans l'estimation du capital, etc.

Le fumier augmentera le capital de la terre où on le mettra de toute sa valeur ; et, selon les cultures qui auront lieu ensuite, ce même capital augmentera ou diminuera plus ou moins de valeur ; car, telles cultures améliorent le sol, telles autres l'appauvrissent plus ou moins. On assimilera,

1.º Les *augmentations de fécondité*, comme il suit : la luzerne, le sainfoin, le trèfle, la vesce, etc., pour fourrage (si d'ailleurs ces plantes couvrent bien la terre, condition de rigueur), seront supposés améliorer le sol comme ferait une quantité de fumier égale aux $2/3$ du poids des fourrages produits, supposés réduits en sec (1). (Si l'on récolte la graine de trèfle, il

____

(1) A la rigueur, l'amélioration doit être un peu moins grande

n'y aura, selon le célèbre *Thaer*, ni augmentation ni diminution de fécondité. On pourra étendre ce même principe à la luzerne et au sainfoin, dont on récolterait la graine; quant à la vesce, on pense qu'elle doit être rangée dans la catégorie des *légumes*, dont il va être parlé.)' Si, tous les trois ans, par exemple, on fumait la luzerne, on imputerait, par égales portions, la fumure aux trois années suivantes, et l'on compterait d'ailleurs l'amélioration produite par ce fourrage, comme il a été dit.

2.° Les *diminutions de fécondité* seront assimilées comme il suit : l'épuisement produit par chaque hectolitre de froment recueilli, à 24 quintaux fumier de médiocre qualité; de seigle, à 18 quintaux; d'orge, à 13 quintaux; d'avoine, à 9 quintaux; de panic (petit mil), à 16 quintaux; de sarrasin, à 6 quintaux; de maïs, à 12 quintaux; de légumes, à 6 quintaux; — l'épuisement produit par chaque quintal de betteraves recueillies, à 1/3 quintal fumier;

lorsqu'on enlève les fourrages en vert de dessus le champ, parce qu'il ne profite pas, dans ce cas, des débris qu'y laisserait le fanage; mais aussi, alors, les animaux qui consomment le vert profitent de ces débris, et, peut-être, le fourrage vert les nourrit-il mieux que ne ferait le même fourrage réduit en sec, sans perte de débris : c'est l'opinion du judicieux *Crud.*

de carottes, à $1/5$ quintal; de pommes de terre, à $1/2$ quintal; de rutabagas, à $1/3$ quintal; de choux, à $1/4$ quintal; de filasse de chanvre, à 12 quintaux ; de racine garance, à 20 quintaux.

D'après les données précédentes, si un champ a fourni 600 quintaux trèfle sec, on chargera le capital de ce champ, au 31 décembre suivant, de la valeur de 400 quintaux fumier, ou de 160^f, si le quintal de fumier vaut 40^c (8^f la charge de 2000 livres pesant); si un champ a fourni 30 hectolitres froment, l'appauvrissement occasionné équivalant à 720 quintaux fumier, ou à 288^f, à 40^c par quintal fumier, il faudra décharger le capital du champ de cette même valeur, dans l'estimation qu'on en fera, etc., etc.

Les avances et travaux faits à une pièce de terre qui ne devra être récoltée que l'année suivante, augmenteront de toute leur valeur le capital de la terre, lors de l'estimation au 31 décembre; et, si la pièce de terre n'a pas fourni de récolte dans l'année courante, on devra encore ajouter à l'estimation l'intérêt du capital et de la valeur des travaux et avances réunis; par exemple, si un champ vaut 2000^f au 1.er janvier de l'année courante, et les travaux et avances de l'année 100^f, l'estimation au 31 décembre sera 2000^f, plus 100^f, plus 105^f (intérêt de

2100^f), c'est-à-dire 2205^f, qu'on portera à l'*avoir* du champ, pour faire la balance de son compte au 31 décembre; et cette même somme 2205^f, valeur que représente actuellement le champ, serait reportée au *doit* du compte au 1.er janvier suivant, jour de l'ouverture du nouveau compte annuel.

Que si le champ ne devait être récolté qu'une année plus tard encore (c'est le cas de la garance), on agirait pour cette seconde année d'une manière tout-à-fait analogue à ce qui vient d'être prescrit pour la première.

A l'égard d'une pièce de terre qui ne devra donner du revenu qu'au bout d'un plus grand nombre d'années encore, comme, par exemple, un champ qu'on met en vigne, on se conduira comme il vient d'être dit, c'est-à-dire, qu'au 31 décembre de chaque année on fera entrer dans l'estimation, 1.° le capital porté au *doit* à l'ouverture du compte annuel; 2.° les travaux et avances qu'on sera dans le cas de faire dans l'année; 3.° l'intérêt de ces sommes réunies. La vigne venant à donner du produit, voici comment on agira : Jusqu'à ce que la valeur *nette* des productions annuelles égale ou surmonte l'intérêt à 5 pour % du capital porté au *doit* à l'ouverture du compte annuel, on fera l'estimation au 31 décembre suivant, de manière à retirer 5 pour % des capitaux employés, eu égard à la production de la vigne, qui devra entrer en déduction. La valeur *nette* de la production devenant égale à l'intérêt du capital porté au *doit* au 1.er janvier, ce serait une preuve que ce capital, égalant vingt fois le revenu *net*, exprimerait la valeur réelle de la vigne, en sorte qu'il faudrait l'estimer à cette même valeur au 31 décembre suivant. La valeur *nette* du revenu surpassant l'intérêt du capital porté au *doit* au 1.er janvier, indiquerait une valeur supérieure de la vigne : vingt fois le revenu *net*, serait l'estimation qu'on en devrait faire au 31 décembre. Enfin, si la vigne, arrivée à son plein produit, donnait une production *nette* inférieure en valeur à l'intérêt du capital porté au *doit* au 1.er janvier, l'estimation de la vigne serait trop forte : on la réglerait désormais sur vingt fois le revenu *net*. Quoi qu'il en soit, il est visible que la comptabilité fera ressortir parfaitement, à l'époque où la vigne arrivera à son plein produit, le résultat bon ou mauvais de la spéculation faite : que si alors, en effet, la valeur *nette* des productions de la vigne, c'est-à-dire défalcation faite des frais annuels, égale l'intérêt à 5 p. % de la valeur de la vigne à l'ouverture du compte annuel, c'est une preuve que tous les placemens à intérêts redoublés, faits jusqu'à ce jour, produisent l'intérêt de 5 pour %; que si cette même valeur *nette* des productions est supérieure à cet intérêt, plus cette supériorité est grande, meilleure est la spéculation, puisque le placement se trouve à un taux d'autant plus supérieur à 5 pour %; que si, enfin, la valeur *nette* des productions est inférieure à l'intérêt à 5 pour % du capital à l'ouverture du compte, la spéculation se trouve d'autant plus mauvaise que cette infériorité est plus notable, car alors le placement est à un taux d'autant moindre que 5 pour %.

A l'égard d'un bois, voici comment on agira (1): si, par exemple, coupé tous les 15 ans, sa coupe en *net* vaut en moyenne 2158^f; d'après la théorie des intérêts composés ou redoublés, le capital que représente le fonds qui produit cette rente est 2000^f; car 2000^f placés à intérêts composés pendant 15 ans, au taux de 5 p. %, deviennent 4158^f (2). Partant de cette donnée,

----

(1) C'est du moins ainsi que nous avons cru devoir agir. *(Voir la note de la page 76.)*

(2) Pour toute personne administrant des capitaux quelconques, il est très-utile de connaître ce qui se rattache au calcul des intérêts, soit simples, soit composés. On va donc en présenter

on portera, l'année qui suivra la coupe, 2000^f au *doit* du bois ; au 31 décembre suivant, pour faire la balance, on portera à l'*avoir* la valeur actuelle du bois 2000^f, plus 100^f (intérêt pendant un an de 2000^f), c'est-à-dire, en tout 2100^f. La seconde année, on reportera au *doit* les 2100^f, et à l'*avoir*, au 31 décembre suivant, cette somme augmentée de l'intérêt à 5 pour %, ou 2205^f ; et ainsi successivement, d'année en année. Si, à la 15.me année, qui est celle de la coupe, cette coupe vaut en *net* 2158^f, le capital 2000^f, valeur du fonds, se trouvera avoir donné 5 pour % de profit annuel ; si la coupe vaut moins, le placement aura été à un taux moindre

---

ici les formules, pour la commodité de ceux qui ont quelque usage des mathématiques.

Soit a le capital ; d la somme (100 d'ordinaire) sur laquelle l'intérêt se prend ; i l'intérêt (5 d'ordinaire) qui se prend sur d ; t le temps que le capital est gardé ; r le capital et intérêts réunis au bout du temps t :

On aura,

1.º Dans le cas des intérêts simples,

$$d\,r = a(d + i\,t)$$

2.º Dans le cas des intérêts composés,

$$\text{Log. } r = \text{Log. } a + t\,\text{Log.} \left(\frac{d+i}{d}\right)$$

équations au moyen desquelles on pourra résoudre sur-le-champ toutes les questions relatives aux intérêts.

que 5 pour %; si elle vaut plus, le placement ·aura été à un taux d'autant plus grand, que la coupe vaudra davantage; et il sera facile de voir (1), dans tous les cas, à quel taux a été le placement, et par conséquent de juger de sa bonté. Au surplus, à quelque année plus rapprochée ou plus éloignée que 15 ans, qu'on voulût faire la coupe, la spéculation serait appréciée avec la même facilité, puisque, par la manière dont le compte est tenu, on voit, à chacune des années successives, le capital que représente actuellement le bois.

Généralement, en ce qui concerne l'estimation de toute pièce de terre, le terme moyen seul de la production *nette*, c'est-à-dire, la valeur des productions de la pièce, déduction des frais faits pour les obtenir, suffira à fixer sur la valeur du fonds, et à rectifier l'estimation, de temps en temps, s'il y a lieu. Par exemple, si l'assolement est de 6 ans, et que le terme moyen de la valeur *nette* de la production annuelle d'une sole ait été de 150^f (ce qui aura lieu si la sole a produit en *net* 900^f dans les 6 ans), la sole, au commencement de la nouvelle rota-

---

(1) Au moyen de la seconde des formules données en note, page précédente.

tion, devra être estimée 3000^f, qui est le capital, au taux de 5 pour %, que représente la rente annuelle 150^f.

§. IV. *De divers Comptes, dépendans ou indépendans de l'Exploitation.*

On ouvrira au registre deux comptes pour les bâtimens : un relatif à l'habitation du maître et dépendances, sous le titre de *maison* ou *château*, et un autre, intitulé *bâtimens*, qui se rapportera à tous les bâtimens ruraux que comprend l'exploitation proprement dite. Leur valeur sera portée au *doit*, ainsi que celle de toutes les réparations, améliorations et augmentations qu'on y fera, et celle des frais annuels d'assurance contre l'incendie, s'il y a lieu ; et, portant à l'*avoir* leur valeur actuelle à chaque 31 décembre, on balancera ces comptes, et l'on en portera le résultat sur le *Tableau synoptique*, comme pour tous les autres comptes. Du reste, l'évaluation des bâtimens se fera, généralement, *en raison du prix et de la durée présumée de chacune des parties dont ils sont formés ;* par exemple, les maçonneries de tel bâtiment ont coûté 1000^f, et leur durée présumée dans le pays est de 100 ans : on supposera, dans l'estimation, que chaque année leur ôte $^1/_{100}$, ou 10^f, de valeur, etc.

Le compte *voitures, instrumens et outils*, sera tenu d'une manière analogue à ce qui vient d'être prescrit pour les bâtimens, et l'évaluation des objets que comprend ce compte se fera de même, généralement, *en raison du prix et de la durée présumée des parties qui composent ces objets ;* ainsi, telle partie, réputée devoir durer 10 ans, coûte 40^f : on supposera, dans l'estimation, que chaque année lui ôte $^1/_{10}$, ou 4^f, de valeur, etc. ; que si cependant, par une cause quelconque, la partie à laquelle on avait assigné 10 ans de durée se trouvait détruite, par exemple, à la 6.me année, les $^4/_{10}$ restans de sa valeur devraient être déduits du capital au 31 décembre de cette année; que si la durée, au contraire, se prolongeait au delà de 10 ans, on devrait, à la 10.me année, faire entrer dans l'estimation du capital autant de dixièmes de la valeur à neuf de la partie, qu'on supposerait encore d'années de durée à cette partie; dans tous les cas, ladite partie, venant à être remplacée à neuf, augmenterait le capital de tout ce qu'elle coûterait, etc. (1).

____

(1) On comprendra facilement que, sans descendre à des dé-

Par la manière prescrite de tenir les comptes *bâtimens* et *voitures,* etc., on constatera chaque année la *perte* sur chacun de ces comptes, ce qui est le but qu'on s'est proposé dans le mode de comptabilité adopté. Toutefois, on n'oubliera pas que cette *perte* est nécessitée par ceux des articles en compte auxquels servent les *bâtimens* et les *voitures,* etc. ; car, sans la nécessité de loger la famille, les domestiques, les animaux, les denrées, on n'aurait pas besoin des bâtimens ; et, sans la nécessité de travailler les pièces de terre, d'y transporter les engrais, d'y faire la récolte, etc., on n'aurait pas besoin des *voitures, instrumens et outils :* aussi, dans l'esprit du propriétaire, le loyer des *bâtimens* et celui des *voitures,* etc., représenté par leur *perte* annuelle (1), doit-il être imputé, proportionnellement, aux articles auxquels ils servent, cir-

---

tails trop minutieux au sujet des estimations à faire des *bâtimens* et des *voitures, instrumens et outils,* et même de toutes autres estimations quelconques, il sera bon cependant de ne jamais trop perdre de vue les règles d'après lesquelles, rigoureusement, elles devraient être faites.

(1) La *perte* annuelle comprend, 1.º l'intérêt du capital actuel; 2.º l'entretien; 3.º les frais d'assurance contre l'incendie; 4.º le dépérissement insensible du capital.

constance qui diminue d'autant les *profits* de ces articles (1).

La *basse-cour* aura son compte particulier, tenu d'après les mêmes principes que tous les autres comptes, c'est-à-dire, que la valeur des animaux et objets qui la composent, sera portée au *doit*, à chaque 1.er janvier ; que la valeur de tout ce que la basse-cour exigera de dépenses, sera portée dans la même colonne, en bloc pour chaque nature de dépense; et qu'à l'*avoir* on portera, en bloc, la valeur, 1.° des ventes, 2.° des consommations, et, au 31 décembre, la valeur de tout ce qui restera ; au moyen de quoi, la balance pourra être faite, et le résultat en être porté sur le *Tableau synoptique.*

A l'égard des *domestiques*, on portera de même à leur *doit*, en blocs particuliers, les dépenses de même nature qu'ils auront occasionnées, et, à leur *avoir*, la valeur, en un seul bloc, des journées qu'ils auront fournies : on balancera à la fin de l'année, et l'on portera le résultat sur le *Tableau synoptique*, au *profit*, si les travaux

____

(1) L'on pourrait bien, sans nul doute, portant à l'*avoir* des comptes *bâtimens* et *voitures*, etc., le loyer, représenté par la *perte* annuelle sur ces comptes, imputer, proportionnellement, ce loyer au *doit* des divers articles qui en profitent; mais c'est une complication à éviter, sur-tout dans les commencemens.

faits surpassent en valeur les dépenses occasionnées; et à la *perte*, si les dépenses surpassent en
valeur les travaux exécutés.

On agira d'une manière analogue à l'égard des
journaliers.

Au surplus, rien n'empêchera, si cela convient, de réunir en un seul compte, sous le titre
main-d'œuvre, les *domestiques*, *journaliers*,
animaux de travail et *voitures*, *instrumens et
outils*.

Si l'*impôt* (comme il est probable, parce que
cela serait par trop minutieux) n'a pas été réparti
au *doit* de chaque pièce de terre, etc., on le
portera tout entier, d'après le *doit* du compte
qu'on lui ouvrira au registre, à la colonne *perte*
du *Tableau synoptique*, vis-à-vis de l'article *impôt*; et l'on n'oubliera pas, cependant, que cette
perte est occasionnée par tous les articles payant
impôt, ce qui, dans l'esprit du propriétaire,
doit diminuer la valeur de leurs *profits* en raison
de la portion d'impôt payée (1).

A l'égard de la famille, on ouvrira au registre
un compte intitulé *ménage*, au *doit* duquel sera

______

(1) Si l'on répartissait l'impôt au *doit* de chaque pièce de terre,
etc., il serait inutile d'ouvrir un compte à *impôt* : il suffirait de
le porter en bloc à l'*avoir* de la *caisse*, en même temps qu'on le
porterait en détail au *doit* des articles imposés.

inscrite la valeur en argent des objets qui le composent, et où seront inscrites, en outre, les dépenses communes à la famille, en blocs particuliers pour chaque nature de dépenses, d'après le relevé des notes journalières tenues à cet effet; à la fin de l'année, on portera à l'*avoir* la valeur actuelle de tous les objets dont se trouve en possession le ménage, et, faisant la balance, on en portera le résultat sur le *Tableau synoptique*, vis-à-vis de l'article *ménage*. L'estimation se fera ici, comme on l'a déjà prescrit ailleurs pour les *bâtimens*, etc., *en raison du prix d'achat, et de la durée présumée de chaque objet.*

Pour les dépenses individuelles, chaque membre de la famille devra avoir un compte ouvert séparé au registre, où l'on inscrira, au *doit* tout ce qu'il recevra, et à l'*avoir* tout ce qu'il donnera : le résultat du compte, balancé à la fin de l'année, sera porté sur le *Tableau synoptique*, comme pour les autres comptes. On pourra n'ouvrir qu'un seul compte au registre pour les enfans réunis, s'il y en a, à moins que quelque motif ne rende convenable d'en agir autrement à l'égard de chacun, ou de quelqu'un d'entre eux : hors ce cas, on ne leur ouvrira un compte séparé, que lorsque leur âge le comportera. Au surplus, si l'on n'a aucune raison de les séparer, on pourra réunir dans un seul compte tous les individus de la famille.

Le compte *caisse* s'établira et se balancera de la même manière que les autres comptes. On portera ce qu'il y aura en caisse au commencement de l'année, au *doit* du compte; tout ce qu'on recevra d'argent pendant l'année, sera de même porté au *doit;* tout ce qu'on dépensera, sera porté à l'*avoir;* enfin, lorsqu'on voudra balancer le compte, au 31 décembre, on comptera l'argent qui se trouve en caisse, et l'on en portera la somme à l'*avoir;* on additionnera le *doit* et l'*avoir* : les totaux devront se balancer exactement, c'est-à-dire être égaux, car ce compte n'est susceptible ni de *profit* ni de *perte :* s'il en était autrement, ce serait une preuve qu'il y aurait eu erreur ou soustraction. On n'aura donc rien à porter ni en *profit* ni en *perte* vis-à-vis de l'article *caisse* dans le *Tableau sy-noptique,* non plus qu'à l'égard de tout autre compte qui se trouverait dans ce cas, c'est-à-dire où l'*avoir* et le *doit,* additionnés à la clôture des comptes, donneraient deux sommes égales.

Si le propriétaire a de l'agent placé, il ouvrira au registre un compte à chacune des personnes à qui il a prêté : au *doit,* il portera la somme prêtée; à l'*avoir,* les intérêts payés : portant à l'*avoir*, au 31 décembre, la somme prêtée, il balancera le compte, en portera le résultat au *Tableau synoptique*, et reportera au *doit* du compte la somme prêtée, pour rouvrir ainsi le compte de l'année suivante au 1.ᵉʳ janvier. La somme venant à être restituée, on la portera à l'*avoir* du compte (sans plus la reporter au *doit*), et cette somme sera alors portée au *doit* de la *caisse* où elle entrera, comme elle avait dû être portée à son *avoir*, lorsqu'elle en était sortie pour être prêtée. Il va sans dire aussi que les intérêts payés, portés à l'*avoir* du compte, auront été portés en même temps au *doit* de la *caisse* qui les aura reçus.

Si le propriétaire devait lui-même à quelqu'un, il est aisé de voir qu'il devrait ouvrir un compte à la personne à laquelle il aurait emprunté, et porter à l'*avoir* de cette personne la somme empruntée, au *doit* les intérêts qu'il serait dans le cas de payer, tandis que la somme empruntée serait portée au *doit* de la *caisse*, et l'argent sortant de cette *caisse* pour payer les intérêts, à l'*avoir* de cette même *caisse*. Au 31 décembre, on porterait au *doit* du compte la somme empruntée; on additionnerait, et ferait la balance: la *perte* sur le compte serait visiblement la somme payée pour intérêts, comme le *profit*, lors-

qu'on a prêté soi-même, est cette même somme.
La *perte* serait portée au *Tableau synoptique*,
et la somme empruntée, reportée à l'*avoir* du
créancier au 1.ᵉʳ janvier suivant, rouvrirait le
compte de la nouvelle année (1).

Si la somme placée par le propriétaire l'était à
intérêts composés, ce qui a été dit, au §. III,
à l'égard d'un *bois* (qui présente l'exemple d'un
placement à intérêts composés), fait voir suffisamment la marche à tenir. Si le propriétaire
avait emprunté lui-même à intérêts composés,
la marche inverse à suivre est trop évidente pour
qu'il ne soit pas superflu d'en parler.

Si l'on avait un parc à embellir ou à entretenir, si l'on représentait beaucoup, etc., on

---

(1) Tout capital dû est un capital *négatif*, ce qu'on indiquera
par le signe —, sur le *Tableau synoptique*; par exemple, si le
capital partiel dû est 1000ᶠ, on l'écrira ainsi, — 1000ᶠ, à la
colonne *Capital* du *Tableau synoptique*. Non - seulement les
capitaux *négatifs* ne doivent pas être additionnés avec les capitaux *positifs*, mais ils doivent être retranchés de la somme de
ces derniers; ainsi, la somme des capitaux *positifs* étant 100,000ᶠ,
et celle des capitaux *négatifs* 5000ᶠ, on ne devrait, évidemment, écrire, pour somme des capitaux au bas de la colonne
Capital du *Tableau synoptique*, que 95,000ᶠ. (Si les capitaux
partiels *négatifs* étaient en trop grand nombre, on pourrait leur
consacrer une colonne spéciale au *Tableau synoptique*, de même
qu'on en consacre une aux *pertes* ou *profits négatifs*.)

ouvrirait un compte à *parc ,* un compte à *re-présentation ,* etc. ; que si ces diverses sources de *perte* étaient trop peu considérables pour mériter qu'on ouvrît un compte à chacune d'elles, on pourrait les réunir toutes en un seul et même compte, intitulé *extraordinaire ,* ou bien encore les imputer au compte de la famille qui fait ces dépenses.

A l'égard des dons qu'on serait dans le cas de faire, soit en argent, soit en denrées, soit en journées, et à l'égard des valeurs qu'on pourrait recevoir soi-même sans paiement, on ouvrirait un compte, intitulé *dons ,* au *doit* duquel on porterait les valeurs données, et à l'*avoir* duquel on porterait les valeurs reçues ; ce compte, d'ailleurs, se balancerait à la fin de l'année comme tous les autres comptes, et le résultat en serait porté de même au *Tableau synoptique.*

On s'arrête, en ayant dit sans doute assez pour montrer comment on peut, sans confusion, appliquer la comptabilité, flambeau destiné à éclairer toutes les opérations, non-seulement à une exploitation rurale quelconque, mais à toute autre gestion industrielle, ou même à plusieurs gestions diverses à la fois ; en un mot, à l'ensemble des affaires qu'on peut avoir, en quelque nombre qu'elles soient.

SUBSTANCE DES DEUX CHAPITRES PRÉCÉDENS.

I. *Objet de la Comptabilité de la fortune.*

DÉCOUVRIR et apprécier chacune des sources qui concourent à augmenter la fortune ; découvrir et apprécier chacune de celles qui concourent à la diminuer, est d'une utilité fondamentale à l'Agronome, au Manufacturier, au Commerçant, à tout chef de gestion, à tout individu qui possède : c'est le but de la *Comptabilité de la fortune.*

II. *Marche de la Comptabilité de la fortune.*

1.° Ouvrir un compte à chaque capital partiel, à chaque source de profit ou de perte. Y noter, s'il y a lieu, 1.° la valeur de l'objet en compte, et les nouvelles valeurs qu'on y ajoute ; 2.° les valeurs qu'on en tire, et la valeur que conserve l'objet en compte. Additionner ; retrancher la plus petite somme de la plus grande, ce qui fait connaître le *profit* ou la *perte* sur l'objet en compte, depuis l'ouverture jusqu'à la clôture de la comptabilité.

2.º Additionner, 1.º tous les *profits* partiels, 2.º toutes les *pertes* partielles : retrancher la plus petite somme de la plus grande, ce qui fait connaître le *profit* total ou la *perte* totale sur l'ensemble de la gestion.

3.º Pour vérifier la comptabilité, additionner tous les capitaux (on entend leurs valeurs) qu'on avait à l'ouverture des comptes ; additionner tous ceux qu'on a à la clôture des comptes : retrancher la plus petite somme de la plus grande, ce qui donne de nouveau le *profit* total ou la *perte* totale sur l'ensemble de la gestion.

III. *Données qu'exige la Comptabilité de la fortune.*

1.º *Estimation des capitaux partiels,* à l'ouverture des comptes ;

2.º *Estimation des valeurs qu'on déplace,* c'est-à-dire, qu'on fait passer d'un compte à un autre ;

3.º *Estimation des capitaux partiels,* à la clôture des comptes.

IV. *Moyen d'obtenir les Données qu'exige la Comptabilité de la fortune.*

1.º L'estimation d'un capital partiel à l'ouverture des comptes, se fait *au cours*, ou *d'après le prix d'achat*, ou *d'après le revenu net moyen précédemment donné*, ou *d'après la valeur à neuf des parties qui le composent*, eu égard à la durée présumée de chacune d'elles.

2.º L'estimation des valeurs qu'on fait passer d'un compte à un autre, se fait *au cours*, ou, à défaut d'un cours déterminé, *d'après leur valeur relative*, comparativement à des valeurs analogues dont le cours est connu.

3.º L'estimation d'un capital partiel à la clôture des comptes, se fait, selon les cas, soit *au cours*, soit *EU ÉGARD*, 1.º *à la valeur du capital, à l'ouverture des comptes*; 2.º *aux valeurs qu'on y a accumulées, ou laissé accumuler*; 3.º *à la diminution de valeur que le capital peut éprouver, par sa nature, ou par le dépérissement des valeurs qu'on y avait précédemment ajoutées, ou qu'on y avait laissé accumuler.*

(*MODÈLE* A.)   (Indiquer ici la page du registre.)

(Désigner ici l'objet en compte.)

DATES.	MOTIF DU *DOIT ET AVOIR.*	DOIT.	AVOIR.	DATES.	MOTIF DU *DOIT ET AVOIR.*	DOIT.	AVOIR.
		f c	f c			f c	f c

Nota. Pour tous les comptes qui le comporteront, on ajoutera, après la colonne *Dates*, trois colonnes indiquant les QUANTITÉS, 1.º *Entrées*, 2.º *Consommées*, 3.º *Vendues.*

(*Modèle* B.)

TABLEAU SYNOPTIQUE DES COMPTES,

AN

Pages du Registre.	OBJETS.	1821.			1822.			1823.			1824.		
		Capital.	Profit.	Perte.	Capital.	Profit.	Perte.	Capital.	Profit.	Perte.	Capital.	Profit.	Perte.
	Totaux....	a	b c	c	d								
	Résultat final annuel.		e										

Nota. En retranchant le total *c* du total *b*, on aura le *profit* total annuel *e*. Si, dans la comptabilité annuelle. (Ce serait l'inverse, s'il y avait *perte*.)

ᴅᴜ RELEVÉ ANNUEL DU REGISTRE.

(On prolongera ce tableau en raison du nombre de comptes, ou bien on le mettra en plusieurs feuilles formant cahier, avec *report* successif d'une feuille à l'autre.)

NÉES.

1825.			1826.			1827.			1828.			1829.			1830.		
Capital.	Profit.	Perte.	Capital.	Profit.	Perte.	Capital.	Profit.	Perte.	Capital.	Profit.	Perte.	Capital.	Profit.	Perte.	Capital.	Profit.	Perte.

retranchant du total *d* le total *a*, on obtient le même résultat *c*, il n'y aura pas d'erreur

EXEMPLE EN TABLEAU DE COMPTABILITÉ,

ROULANT SUR UN PETIT NOMBRE DE COMPTES.

	1. Caisse.		2. Champ.		3. Fourrage.		4. Troupeau.		5. Laine.	
	Doit.	Avoir.	Doit.	Avoir.	Doit.	Avoir.	Doit.	Avoir.	Doit.	Avoir.
1.er Janvier 1821...	800f	.....	4000f	.....	100f	.....	1200f	.....	.....	.....
1.º	.....	200f	.....	.....	.....	.....	.....	200		
2.º	.....	60	60	.....						
3.º	.....	40	40	.....						
4.º			.....	1000f	1000					
5.º					.....	800f	800			
6.º							.....	760f	760f	
7.º	400	.....					.....	400		
8.º	.....	.....	200				.....	200		
9.º	.....	400					400	.....		
10.º	400	.....						.....	.....	400f
31 Décembre 1821..	.....	900	.....	4240	.....	200	.....	1400	.....	360
	1600f	1600f	4300f	5240f	1100f	1000f	2600f	2760f	760f	760f
		0		4300	1000			2600	0	
				940f	100f			160f		

TABLEAU SYNOPTIQUE,

OU RELEVÉ ANNUEL DES COMPTES.

N.os des Comptes.	OBJETS.	1821.			1822.			1823, etc.		
		Capital.	Profit.	Perte.	Capital.	Profit.	Perte.	Capital.	Profit.	Perte.
1.	Caisse................	800f	.....	.....	900f	etc.				
2.	Champ...............	4000	940f	.....	4240					
3.	Fourrage..........	100	.....	100f	200					
4.	Troupeau..........	1200	160	.....	1400					
5.	Laine................	.....	.....	.....	360					
	Totaux..........	6100f	1100f	100f	7100f	etc.				
			100							
	Résultat final annuel..........	.....	1000f	.....	.....	etc.				

EXPLICATION du Tableau ci-contre.

On suppose que la comptabilité ne comprend que ces cinq articles : 1. *Caisse*, 2. *Champ*, 3. *Fourrage*, 4. *Troupeau*, 5. *Laine.*

Il y a 800 fr. en caisse, le champ vaut 4000 fr., il y a pour 100 fr. de fourrages, le troupeau vaut 1200 fr., il n'y a point de laine en magasin : le capital entier possédé, au 1.er janvier 1821, représente donc une valeur de 6100 fr., portée au *doit* des comptes respectifs.

Maintenant,

1.º On achète pour 200 fr. de fourrages pour le troupeau : on porte 200 fr. à l'*avoir* de la caisse, et 200 fr. au *doit* du troupeau;

2.º On achète pour 60 fr. de plâtre pour plâtrer le champ, supposé en fourrage : on porte 60 fr. à l'*avoir* de la caisse, et 60 fr. au *doit* du champ;

3.º Les frais pour récolter les fourrages vont à 40 fr. : on porte 40 fr. à l'*avoir* de la caisse, et 40 fr. au *doit* du champ;

4.º Les fourrages récoltés valent 1000 fr. : on porte 1000 fr. à l'*avoir* du champ, et 1000 fr. au *doit* du fourrage;

5.º On fournit pour 800 fr. de fourrages au troupeau : on porte 800 fr. à l'*avoir* du fourrage, et 800 fr. au *doit* du troupeau;

6.º Le berger tond le troupeau; la laine vaut 760 fr. : on porte 760 fr. à l'*avoir* du troupeau, et 760 fr. au *doit* de la laine;

7.º On vend des bêtes à laine pour 400 fr. : on porte 400 fr. à l'*avoir* du troupeau, et 400 fr. au *doit* de la caisse;

8.º Le fumier produit par le troupeau vaut 200 fr.; on l'épand sur le champ : on porte 200 fr. à l'*avoir* du troupeau, et 200 fr. au *doit* du champ;

9.º On solde le berger 400 fr. : on porte 400 fr. à l'*avoir* de la caisse, et 400 fr. au *doit* du troupeau;

10.º On vend pour 400 fr. de laine : on porte 400 fr. à l'*avoir* de la laine, et 400 fr. au *doit* de la caisse.

On veut clore la comptabilité au 31 décembre 1821 : on porte à l'*avoir* de chaque objet sa valeur actuelle : 900 fr. à la caisse; 4240 fr. au champ (4000 fr. valeur du champ; 200 fr. de fumier n'ayant pas encore agi; 40 fr. pour le plâtre, supposé agir 3 ans, et ayant encore 2 ans à agir : total, 4240 fr.); au fourrage, la valeur de ce qui reste, supposée 200 fr.; au troupeau sa valeur actuelle, supposée 1400 fr.; à la laine la valeur de ce qui reste, supposée, au cours actuel, 360 fr.

On additionne toutes les colonnes, et l'on balance le *doit* et l'*avoir* de chaque compte : il se trouve que la caisse n'offre ni profit ni perte, ce qui doit être (1); que le champ présente 940 fr. de profit ; que le fourrage présente 100 fr. de perte; que le troupeau présente 160 fr. de profit ; que la laine ne présente ni profit ni perte. On relève tous ces résultats sur le *Tableau synoptique*, et l'on ne porte ni profit ni perte à l'article *Caisse*; pour l'article *Champ*, on porte 940 fr. à la colonne *profit*; pour l'article *Fourrage*, on porte 100 fr. à la colonne *perte*; pour l'article *Troupeau*, on porte 160 fr. à la colonne *profit*; pour l'article *Laine*, on ne porte rien ni en profit ni en perte. On totalise : on déduit la somme *perte* 100 fr., de la somme *profit* 1100 fr., et l'on a pour résultat 1000 fr., qui représentent la valeur créée dans la gestion pendant l'année 1821. On voit d'où vient chaque profit, on voit d'où provient chaque perte, on voit ce qui n'a donné ni profit ni perte; et, en définitive, comparant le profit 1000 fr. au capital 6100 fr., on voit que la rente du capital entier possédé au 1.er janvier 1821 s'est élevée, dans l'année, à 16 fr. 39 c. pour 100.

Veut-on vérifier la comptabilité annuelle? On additionne au *Tableau synoptique* tous les capitaux partiels à l'ouverture des comptes; on additionne de même tous les capitaux partiels à la clôture des comptes; on soustrait de ce dernier total 7100 fr., le premier total 6100 fr. : le résultat 1000 fr., égal au *profit* total déjà trouvé, fait voir qu'il n'y a pas d'erreur dans la comptabilité annuelle.

(Si, au lieu de considérer 5 articles, on en eût considéré 10, 50, 100, 200, etc., c'eût été de même, en quelque nombre qu'eussent été d'ailleurs les déplacemens de valeurs opérés dans l'année.)

_____

(1) Il y aurait eu erreur ou soustraction s'il en était autrement.

Nota. On pourrait, mettant les comptes en tableau, comme dans l'exemple qui précède, supprimer véritablement le *registre des comptes :* faisant usage du format *in-folio,* on mettrait au moins les comptes de 20 articles sur la feuille ouverte, et autant au revers, ce qui ferait 40 articles par feuille au moins ; en sorte qu'un cahier d'une demi-main de papier suffirait à l'établissement d'environ 500 comptes pendant plusieurs années, bien entendu qu'on écrirait au *doit* et à l'*avoir* de chaque compte les avances et les produits, non avec intervalle, comme on l'a fait dans le tableau pour en faciliter l'intelligence, mais bien sans aucun interligne. Il conviendrait toutefois d'ajouter à chaque compte une colonne précédant celles *doit* et *avoir,* pour indiquer, à chaque déplacement de valeur, le compte où va et d'où provient la valeur déplacée : il suffirait pour cela d'un simple numéro.

CHAPITRE III.

Du Budget.

La comptabilité exposée dans les deux chapitres précédens est la comptabilité du passé. Elle montre, à la fin de l'année, le véritable état dans lequel la gestion annuelle a mis la fortune. On voit si elle a augmenté, si elle est restée stationnaire, si elle a diminué, et l'on peut remonter à chacune des sources qui ont concouru à amener ce résultat.

La conduite à venir est tracée par ce tableau des succès et des fautes passés. Dès-lors, on peut arrêter l'état de ses besoins dans l'année qui va s'ouvrir, et les comparer avec les ressources qu'on a ou qu'on aura : ce tableau des ressources et besoins, est ce qu'on appelle *budget.*

Un agronome, par exemple, dès qu'il a emmagasiné toutes les récoltes, connaît à peu près toutes ses ressources diverses pour faire face aux besoins de l'année qui va s'ouvrir. Il faut que son budget présente, une à une, chacune de ces ressources; un à un, autant qu'il est possible de les prévoir, chacun des besoins auxquels, d'après le nouveau plan arrêté, il aura à faire face. Par la valeur de l'excédant des ressources, il verra de suite s'il pourra faire face à la valeur de l'excédant des besoins : il jugera de sa richesse annuelle.

Si l'excédant des besoins est moindre que l'excédant des ressources, il sera d'autant plus au large que la différence sera plus grande. Si le contraire a lieu, il ne pourra pas faire face à ses besoins; et, dès-lors, ou il devra s'étudier à retrancher ou diminuer les moins pressans ou les moins utiles de ceux-ci, jusqu'à ce que l'excès des besoins se nivelle avec l'excès des ressources; ou bien il sera réduit à emprunter, et il est bon qu'il sache à l'avance la somme dont il aura besoin, et l'époque pour laquelle il devra se la procurer. Que si l'excès des ressources balance exactement l'excès des besoins, en vendant ce qu'il a de trop, il pourra exactement pourvoir à l'achat de ce qui lui manque.

Il est bon de prévoir, comme on voit, non-seulement tous les besoins dans le plus grand détail, mais les époques mêmes de ces besoins, afin de pouvoir se mettre, assez à temps, constamment en mesure d'y faire face. De là, la nécessité d'établir des *budgets mensuels*, élémens du *budget général* ou *annuel*.

Les budgets mensuels et annuel sont un des élémens les plus essentiels dans l'administration de la fortune. On ne saurait trop s'appliquer à les bien établir. Par eux, on évitera, autant qu'il est donné à la prévoyance humaine de le faire, ces *à-coups* qui, si souvent, portent la gène ou le dérangement dans les affaires, chose qu'il est si important d'éviter.

Tout budget pourra être établi par colonnes, dans la forme qui suit. (*Voyez* le modèle.)

1.ʳᵉ Colonne. INDICATION DES, RESSOURCES ET BESOINS;

2.ᵉ Colonne. RESSOURCES, 1.º *quantité*, 2.º *prix;*

3.ᵉ Colonne. BESOINS, 1.º *quantité*, 2 º *prix;*

4.ᵉ Colonne. EN PLUS, 1.º *quantité*, 2.º *prix;*

5.ᵉ Colonne. EN MOINS, 1.º *quantité*, 2.º *prix.*

Le budget annuel présentera le relevé exact des douze budgets mensuels. Les ressources seront réparties sur les budgets mensuels, en raison des époques où l'on jugera convenable ou nécessaire d'en user, soit pour la consommation, soit pour la vente.

Les totaux comparés des valeurs en argent, éclaireront le propriétaire sur sa véritable situation pour l'année à venir.

Les budgets mensuels et annuel seront réunis en un seul cahier pour chaque année.

BUDGET DE [1].

INDICATION DES RESSOURCES ET BESOINS.	RESSOURCES.		BESOINS.		EN PLUS.		EN MOINS.	
	Quantité.	Valeur.	Quantité.	Valeur.	Quantité.	Valeur.	Quantité.	Valeur.
ART.								
1.er Froment, à 12f l'hectolitre.	200 h.	2400f	100 h.	1200f	100 h.	1200f		
2. Vin, à 15f l'hectolitre........	300 h.	4500	70 h.	1050	230 h.	3450		
3. Fourrages secs, à 3f le quintal métrique..................	1800 q.	5400	1500 q.	4500	300 q.	900		
4. Paille, à 2f *id.*................	500 q.	1000	700 q.	1400	....	....	200 q.	400f
etc.								
.. Journées d'ouvriers, à 1f.....	1500 j.	1500	2600 j.	2600	....	....	1100 j.	1100
etc.								
.. Besoins de la famille (autres que ceux mentionnés)....	....	....	....	2000	....	....	....	2000
.. Pour cas imprévus................	....	....	....	1000	....	....	....	1000
.. En caisse, aujourd'hui 1.er janvier............................	....	1500	....	....	....	1500		
TOTAUX.............	....	16300f *a*	....	13750f *b*	....	7050f *c*	....	4500f *d*

(1) Indiquer le mois, si c'est un budget mensuel ; et l'année, si c'est un budget annuel récapitulatif des 12 budgets mensuels. (*On a rempli, en partie,* hypothétiquement *les colonnes du tableau, supposant que ce fût un budget annuel.*)

Nota. *b* soustrait de *a* doit donner le même résultat que *d* soustrait de *c*, sans quoi, il y aurait erreur. (Ce serait *a* qu'il faudrait soustraire de *b*, et *c* de *d*, si les besoins excédaient les ressources.)

FIN DU LIVRE SECOND.

LIVRE III.

CAUSES QUI TENDENT A AUGMENTER, DIMINUER, RÉTA-
BLIR LA FORTUNE DES INDIVIDUS, DES NATIONS, DES
GOUVERNEMENS.

CHAPITRE Ier

Influence de l'instruction et de la liberté du commerce intérieur sur la fortune d'une nation. — Un mot sur l'enseignement. — Corporations. — Lois sur l'intérêt de l'argent.

M. J.-B. Say dit que l'Économie politique a pour but d'enseigner *Comment se forment, se distribuent et se consomment les richesses.* La comptabilité de la fortune, écartant toutes définitions et distinctions superflues, fait, ce nous semble, mieux : elle le démontre irrésistiblement aux yeux; elle le rend palpable et sans réplique; elle fait plus encore, elle apprécie, à la source même, la production ou la destruction de la fortune. Aussi les vérités de l'Économie politique apparaîtront-elles ici, en général, comme corollaires d'une comptabilité mathématique.

Et d'abord, il doit être de la dernière évidence aux yeux du lecteur que,

Du mouvement bien entendu et de la judicieuse combinaison des valeurs possédées ou qu'on acquiert, résulte la prospérité de la fortune :

DÉVELOPPER DE PLUS EN PLUS L'INTELLIGENCE HUMAINE ; PROPAGER DE PLUS EN PLUS LES CONNAISSANCES UTILES ; LAISSER ENTIÈREMENT LIBRE LE MOUVEMENT DE VALEURS *ou* COMMERCE, sont donc les trois bases fondamentales de la prospérité d'une nation.

L'intelligence, aidée des connaissances utiles, invente, perfectionne, dirige, provoque incessamment des déplacemens et des transformations de valeurs. Plus ce mouvement est libre, plus il est considérable ; et plus il est considérable, plus il exige de bras et de moyens : plus la population croît. Arrêter cet essor, qui est l'élan de la vie, serait empêcher ceux qui n'ont que leur force ou leur intelligence pour subsister, d'échanger le travail de leurs bras ou de leurs facultés intellectuelles, seul capital qu'ils possèdent, contre d'autres capitaux d'où doit résulter leur aisance : ce serait provoquer le bouleversement ou l'anéantissement de la société.

Dans l'enseignement de la jeunesse, les connaissances diverses devraient être classées en raison de leur importance, c'est-à-dire du degré plus ou moins grand d'influence qu'elles ont ou peuvent avoir sur la prospérité des nations (1). Il reste à cet égard sans doute beaucoup à faire en tout pays. Une telle matière est du ressort

---

(1) Les sciences mathématiques, physiques et chimiques; les sciences naturelles, agricoles et économiques; enfin, des notions exactes d'économie politique : voilà, certes, si l'on ne se trompe, quel devrait être le fond de l'instruction chez une nation jalouse d'accroître sa prospérité. Les écoles d'arts et métiers devraient être très-multipliées. L'enseignement de connaissances futiles, laissant l'homme oisif, peut être dangereux pour le repos de l'État. Mais, sur toutes choses, rien ne serait plus dangereux qu'une tendance d'instruction qui amenerait à raisonner sur des connaissances si sublimes qu'il n'est pas donné à l'homme de les entendre. Pour que l'homme ne se pervertisse pas, il faut, le dirigeant sans cesse vers le travail qui doit faire son bien-être, ne pas lui laisser un instant d'oisiveté. Et qu'est-ce qu'il lui importe le plus d'apprendre, nous le demandons, qu'à tirer le parti le plus avantageux possible de la fortune qu'il a, ou de l'intelligence ou de la force que le ciel lui a départies pour y suppléer? L'instruction qu'on donne aujourd'hui est-elle dirigée vers ce but? tend-elle à peupler le pays de citoyens actifs et laborieux, propres à l'enrichir, ou à le couvrir de plus en plus de gens avides de places, propres seulement à dévorer la richesse existante, ou à troubler la paix publique, si on ne s'empresse de satisfaire leur cupidité? Convient-il que l'éducation publique

de la législation, et nous ne devons ici que la mentionner. Elle demande un profond et sûr jugement, et une grande étendue de vues pour la régler sur de bonnes et immuables bases : des vues rétrécies ou partielles gâteraient tout. Le triste aspect des campagnes de Rome moderne, les vastes friches et la profonde misère de l'Espagne, signalent des écueils à éviter. Sous le sceptre paternel qui la gouverne, la France, au contraire, digne de servir d'exemple au monde entier, montrera de plus en plus que le travail, le développement sans bornes de l'intelligence, sont les sources d'inépuisables trésors, de la puissance, du bonheur et du repos des nations, de la véritable et solide gloire!

Avoir démontré que le commerce doit être entièrement libre dans une nation, qu'on ne doit mettre aucune entrave aux mouvemens des valeurs ni aux combinaisons de l'intelligence et de la force des individus qui la peuplent, c'est

---

continue à former des dévorateurs des revenus publics ou des perturbateurs de l'ordre social, ou veut-on qu'elle produise des hommes alimentateurs de ces revenus et amis du repos?........... On pourrait écrire un volume sur cette matière, d'où dépend radicalement la prospérité privée et publique, le bien-être et la sécurité de tous, la stabilité et la force des gouvernemens.

avoir démontré que l'industrie ne doit jamais être entravée par des corporations, dont l'effet serait de gêner cette entière liberté : toutes associations exclusives doivent être soigneusement proscrites par le gouvernement d'une nation, bien loin d'être favorisées ou provoquées par lui. Le monopole, en un mot, soit qu'il soit exercé par des compagnies, soit qu'il soit exercé par les gouvernemens, est nuisible au rapide développement de la branche d'industrie sur laquelle il s'exerce.

Avoir démontré qu'on ne doit entraver aucun mouvement de valeurs dans une nation, c'est avoir démontré qu'on ne doit pas fixer l'intérêt de l'argent par des lois.

L'argent est un capital tout comme un autre : son loyer doit se fixer à l'amiable par les parties contractantes elles-mêmes, comme celui d'une terre, d'une maison, de tout autre capital : le profit qu'espère en retirer celui qui emprunte, les chances que peut courir le propriétaire de l'argent en le prêtant, doivent naturellement fixer le taux de la rente.

Chacun doit, ce semble, rester libre, dans une nation, de disposer comme il l'entend des capitaux qu'il possède.

Lorsque l'argent tombe assez de valeur pour

qu'on ne trouve à le louer qu'à 4 ou même 3 pour 100, force-t-on les emprunteurs à le louer à 5 ? on ne le peut, et ce serait injuste : ce ne l'est pas moins de prétendre qu'on le loue à 5 lorsqu'on peut le louer à 6 ou au-dessus.

La rente de tout capital est essentiellement variable, et se fixe à tout instant d'elle-même par la nature et la force des choses. Ce n'est donc pas, à ce qu'il semble, sans beaucoup de raison qu'en Angleterre on paraît disposé à retirer dans ce moment toute loi tendant à fixer l'intérêt de l'argent.

Toutefois, on ne peut nier qu'il n'y ait beaucoup de cas où, même en trouvant à prêter avec de sûres garanties, des prêteurs avides, abusant du besoin momentané des emprunteurs, ne louent leur argent à des taux exorbitans, c'est-à-dire infiniment au-dessus du cours ou valeur de l'argent. Certes, si la législation peut atteindre ces prêteurs avides, justement flétris dans l'opinion sous le nom d'*usuriers*, c'est un grand service qu'elle rend à la société.

Dans la supposition qu'il soit possible de faire une loi contre les usuriers, telle qu'il ne soit pas facile de l'éluder, il nous semble que cette loi, après avoir nettement défini l'usure, devrait se borner à classer les délits et les peines correspondantes, en raison de la gravité des cas, sans mentionner le taux ou valeur de l'argent; en effet, la valeur de l'argent est variable selon les temps, et le délit de l'usurier est le même indé- pendamment des temps. Par exemple, à Rome ancienne il n'y avait usure que lorsqu'on prêtait à un taux supérieur à 12 pour %, tandis qu'en France, il n'y a usure que lorsqu'on prête à un taux supérieur à 5 pour % (1); et si le taux courant de l'argent tombe et se maintient en France à 4 pour %, il y aura usure dès qu'on prêtera à un taux supérieur à 4.

On voit par-là qu'il faut toucher selon les temps à la loi, si l'on y mentionne l'intérêt ou valeur courante de l'argent; au lieu que, si l'on n'y mentionne pas cette valeur, la loi, une fois faite, peut convenir à tous les temps.

Les chambres de commerce devraient, ce semble, être exclusivement consultées par les tribunaux, sur l'intérêt ou valeur de l'argent, toutes les fois qu'il y aurait à prononcer sur des délits d'usure.

Le délit d'usure semble surtout devoir être ainsi caractérisé: *prêt, SUR GARANTIE, à un taux supérieur à la valeur courante ou intérêt actuel de l'argent.*

____

(1) Dans le commerce, à un taux supérieur à 6 pour %.

Le délit serait d'autant plus grave, que le prêt avec garantie se ferait à un taux plus élevé au-dessus du cours naturel de l'argent.

Que si le prêt n'était pas avec garantie, il est évident, ce semble, ou que la loi devrait le proscrire tout-à-fait, ou qu'elle devrait le tolérer avec un intérêt d'autant plus supérieur au cours actuel de l'argent, que les chances de perte du capital seraient plus considérables pour le prêteur.

Nous résumant, nous disons : En principe, la loi ne doit pas fixer le taux de l'intérêt de l'argent, car il n'est pas en son pouvoir de le faire ; mais elle doit, *s'il est possible*, réprimer l'usure (prêt, *avec garantie*, à un taux supérieur à la valeur courante de l'argent).

CHAPITRE II.

Influence du luxe.

En considérant, à la source même, la manière dont s'accroît ou se détruit la fortune, on voit que parmi les comptes qu'on tient dans la comptabilité de la fortune, il en est qui consomment pour reproduire avec profit (supposé qu'on spécule avec intelligence et qu'on n'éprouve pas de malheur), et d'autres qui consomment définitivement et sans retour, quoi qu'on fasse. Les premiers sont les sources par où vient la fortune, les seconds les voies par où elle s'écoule.

En n'ayant pas de luxe dans sa manière d'être; en ne faisant, en quoi que ce soit, que les dépenses strictement nécessaires, on réduit, autant qu'il dépend de soi, les sources de perte. Si, quelle que soit la position où l'on se trouve, la somme des profits balance exactement la somme des pertes, la fortune reste stationnaire. Si la somme des pertes est plus grande que celle des profits, la fortune est entamée, et l'on décline et périt, si l'on ne s'impose à temps des privations. Si, au contraire, la somme des profits l'emporte sur la somme des pertes, on prospère d'autant plus que la différence est plus grande.

La fortune pourrait s'accumuler souvent à un point incroyable, si, à mesure qu'elle vient, de nouveaux goûts et le désir de les satisfaire ne se développaient; en un mot, si le *luxe* n'intervenait. Lui seul est capable d'ouvrir les canaux par où la fortune redescend dans la société jusqu'aux dernières classes.

Le luxe n'est donc point un mal : c'est, comme nous l'avons dit en le définissant, un heureux effet de la richesse. Il vivifie l'industrie ; car, si elle ne trouvait pas de débouchés à ses produits, elle mourrait, et avec elle la nombreuse population qu'elle fait vivre. Il est impossible de se refuser à cette vérité.

Que le luxe porte à dépenser plus qu'on n'a de revenu, la fortune décline, quelle que soit la grandeur de ce revenu, comme un amas d'eau diminue, s'il s'en écoule plus qu'il n'en peut arriver. Celui qui en agit ainsi, se nuit à lui-même ; mais il ne nuit point à la société, parmi laquelle sa fortune s'écoule. Plus les riches dépensent, plus les *industrieux* produisent, et, par conséquent, plus ils s'enrichissent. Oh ! certes, si les consommateurs des objets de luxe, se trouvaient en dehors d'une nation, c'est-à-dire parmi les nations étrangères, on pourrait concevoir une nation entièrement industrieuse, une nation où tous les individus ne feraient jamais, en quelque sorte, que des consommations productives, une nation s'enrichissant d'autant plus qu'elle n'aurait aucun luxe et fabriquerait d'avantage d'objets de luxe.

Supposez que la France trouve indéfiniment au-dehors des débouchés à tous les produits de luxe de son industrie. Elle contient 7 millions de familles. Supposez que chaque chef de famille tienne une comptabilité rigoureuse et détaillée, telle que nous l'avons décrite (1). Supposez, ce qui est exorbitant sans doute, que la comptabilité de chaque famille comprenne 20 comptes. Il y aura en France 140 millions de comptes ouverts, qui embrasseront toutes les diverses voies par où la fortune de la nation française pourra venir ou s'écouler. Il est évident qu'elle s'écoulera d'autant moins qu'il se fera dans chaque famille moins de consommations improduc-

---

(1) On conçoit que, s'il était possible que chacun tînt une comptabilité pareille et voulût en communiquer le résultat, rien ne serait plus facile que de connaître rigoureusement l'état annuel de prospérité ou de déclin de la fortune d'une commune, d'une province, d'un royaume.

tives, c'est-à-dire qu'il y aura moins de luxe; elle pourra arriver, au contraire, indéfiniment dans toutes les familles qui, voulant accroître leur fortune, ne feront (la satisfaction de leurs rigoureux besoins exceptée) que des consommations productives. La balance des comptes de chaque famille pourra alors présenter un profit définitif : la somme de tous ces profits définitifs particuliers formera le profit définitif total de la nation; profit d'autant plus grand que les profits des particuliers, par les débouchés que ces particuliers trouvent à leurs produits, pourront être grossis davantage. On pourrait donc concevoir, dans ce cas, une nation sans luxe, une nation s'enrichissant d'autant plus que chacun ferait moins de consommations improductives. Alors, mais alors seulement, on aurait raison de blâmer les consommations improductives de cette nation, c'est-à-dire son luxe. Mais il faut que le luxe qui consomme les produits se trouve au-dehors : s'il ne se trouve pas au-dehors, comme il faut nécessairement qu'il soit quelque part, parce que, sans cela, les produits de luxe ne seraient pas demandés, il faut bien qu'il se trouve dans la nation même qui fabrique ces produits. S'il n'y est pas, s'il n'est nulle part, une foule de branches d'industrie et les individus qu'elles nourrissent, sont à l'instant et inévitablement frappés de mort. Les partisans outrés du développement indéfini de toutes les industries, s'ils condamnent en même temps le luxe, et le luxe même outré, tombent dans une contradiction manifeste.

CHAPITRE III.

Du Commerce de nation à nation.

M. J.-B. Say dit que l'industrie d'un peuple ne nuit pas à l'industrie d'un autre peuple, et qu'au contraire elle lui est favorable.

Distinguons :

1.º Si l'industrie des deux peuples s'exerce sur des objets différens, cela peut n'être pas douteux ;

2.º Si, comme il arrive le plus souvent, l'industrie des deux peuples est rivale, c'est-à-dire s'exerce sur les mêmes objets, il peut arriver, 1.º ou que l'un des deux peuples fabrique à meilleur marché, et alors il peut tuer l'industrie du peuple voisin ; 2.º ou que les deux peuples peuvent livrer leurs produits à prix égal, et, dans ce cas-là même, cette concurrence nuit à chacun des deux peuples, puisque, sans elle, l'un des deux aurait évidemment toute la fabrication, et par conséquent une chance certaine et bien plus grande de gain.

Ainsi, à l'égard de deux nations, l'industrie non rivale est réciproquement avantageuse à

toutes deux. L'industrie rivale est réciproquement nuisible à toutes deux, si elle livre ses
produits au même prix; et, si elle livre ses produits à prix différens, l'industrie de l'une des
nations peut être anéantie, si l'on ne se hâte
d'établir de sages prohibitions.

Bien entendues, non-seulement les prohibitions soutiennent telles branches d'industrie qui
sans elles s'éteindraient dans une nation, mais
elles déterminent souvent le développement de
nouvelles industries dans une nation auparavant
tributaire. Par-là, la population croît, alimentée
par la fortune qui auparavant s'écoulait au-dehors et allait alimenter une population étrangère.

Mais, dira-t-on, l'entière liberté de vendre et
d'acheter, c'est-à-dire, de faire des échanges de
voisin à voisin dans un même canton, d'habitans
à habitans dans divers cantons et successivement
dans diverses provinces, a déterminé graduellement l'essor de l'industrie dans chaque nation :
comment supposer que l'élan de l'industrie se
ralentirait, loin de croître indéfiniment, si l'on
permettait sans restriction les échanges entre
les individus des nations diverses, échanges que
ceux qui sont les plus opposés à la liberté illimitée
du commerce, provoqueraient à l'instant même

pour l'utilité de tous, si toutes les nations pouvaient être réunies sous un même sceptre?

Nous répondrons :

Il est constant que ce serait l'avantage général des hommes qui peuplent la terre ; mais il n'en est pas moins constant que, de deux nations fabriquant les mêmes produits, celle qui pourrait fournir aux autres à meilleur marché, tuant à l'instant l'industrie de la nation rivale, attirerait à elle sans doute une grande partie de sa population et de sa fortune, puisque cette population et cette fortune trouveraient ainsi seulement à s'employer fructueusement. Après les *à-coups* inévitables, tout se mettrait ainsi de soi-même dans un juste équilibre, se nivellerait, se peuplerait comme il le doit. Il en résulterait sans doute un bien universel parmi la masse des hommes qui peuplent la terre, mais telles étendues de pays, c'est-à-dire, tels royaumes ou empires actuels auraient gagné en fortune, en population et en force, et tels autres auraient perdu. L'examen de la question suivante va jeter un jour plus grand sur cette matière.

Le gain d'un pays est-il l'excédant de ses exportations sur ses importations, ou l'excédant des importations sur les exportations?

M. J.-B. Say est de l'avis que l'excédant des importations sur les exportations est le gain du pays. Ainsi, un pays important pour 100 millions de marchandises, et n'en exportant que pour 50 millions, gagne, suivant ce publiciste, 50 millions.

Nous ne concevrons, quant à nous, un pareil résultat, que lorsqu'on nous aura prouvé qu'un particulier qui annuellement achète et consomme pour 10,000f de marchandises, et n'en produit et vend que pour 5000f, s'enrichit de 5000f. Si, comme nous le croyons, le cas est absolument analogue, il nous semble qu'absolument le contraire a lieu.

A coup sûr, ce n'est pas le négociant qui importe la marchandise, qui perd ; ce n'est pas non plus celui ou ceux qui la détaillent : leur industrie assure, au contraire, à ces individus, un gain bien réel. Ceux qui perdent, ce sont ceux qui consomment improductivement la marchandise, parce qu'ils détruisent sans retour la valeur de cette marchandise ; et tout est perdu pour la nation de la valeur de la marchandise, payée par le consommateur, excepté le faible gain du marchand et du négociant par l'intermédiaire desquels elle est arrivée jusqu'à lui ; en un mot, toute la valeur que le négociant a payée à l'étranger pour avoir la marchandise, est détruite, du moment que la marchandise est improductivement consommée. Et qui perd cette valeur ? évidemment la nation qui la détruit. Quant à la nation qui a livré la marchandise, elle a dû rentrer dans son capital (c'est-à-dire retrouver ses déboursés) *avec bénéfice ;* et c'est ce bénéfice (la quantité dont son capital s'est accru) qui constitue l'accroissement qu'éprouve sa fortune. Si l'entrepreneur d'industrie, en livrant au consommateur sa marchandise (1), ne retrouvait qu'exactement ses déboursés, il n'augmenterait ni ne diminuerait sa fortune, et le consommateur diminuerait la sienne de la valeur de ses déboursés; mais le consommateur la diminue bien davantage; car, le fabricant n'exerce son industrie qu'autant qu'il retrouve en sus de ses déboursés, non-seulement l'intérêt qu'il eût retiré des capitaux employés en les louant à d'autres, mais encore un gain au delà, qu'eussent fait ceux qui auraient loué ses capitaux pour se livrer à la même industrie. Ainsi, celui qui achète sa marchandise, paie, 1.º le

---

(1) On suppose ici le cas le plus avantageux, celui où le consommateur achète directement la marchandise à celui qui l'a fabriquée : il est évident que plus il y aurait d'intermédiaires entre eux, plus la marchandise serait payée cher par le consommateur.

capital déboursé, c'est-à-dire le coût réel de la marchandise ; 2.° l'intérêt que ce capital eût rapporté de lui-même à son propriétaire, s'il l'eût loué ; 3.° le profit que, par ses talens industriels, celui à qui il l'eût prêté eût fait en sus des intérêts ordinaires de ce capital.

Voilà ce qu'il faut distinguer dans tout produit manufacturé.

Maintenant :

Si le capital seul est remboursé par le consommateur, le consommateur a perdu ce capital, et le fabricant n'a ni perdu ni gagné ;

Si le capital rentre, accru de ses intérêts ordinaires, le consommateur a payé et perdu ces intérêts et le capital ;

Si le capital rentre avec une augmentation encore plus grande que ses intérêts ordinaires (comme il faut le supposer, puisque sans cela les talens industriels du fabricant ne rapporteraient absolument aucun profit, ce que l'existence même de cette industrie démontre n'être pas), le consommateur paie et perd sans retour, en consommant le produit, ce double accroissement du capital, outre ce capital même.

Donc la nation qui consomme les produits d'une autre nation diminue sa fortune, 1.° de cette double augmentation dont elle accroît la fortune de l'autre nation , et 2.º du capital réel qu'avait coûté la marchandise à ses producteurs ; ce qui constitue trois sources de perte pour la nation tributaire, et montre clairement l'immense avantage qu'il y a à ce qu'une nation fabrique elle-même les produits qu'elle consomme, toutes les fois qu'il y a possibilité.

D'après ce qu'on vient de dire, il est évident que la nation tributaire s'appauvrit d'autant plus que la marchandise importée est plus près d'avoir reçu sa dernière façon ; car alors elle détruit une valeur d'autant plus grande, et tous les profits des industries successives qui se sont exercées sur la marchandise, sont faits par la nation qui la fournit. C'est donc à très-grande raison qu'on prohibe en général *la sortie des matières premières et l'entrée des produits manufacturés ,* contrairement à l'opinion de M. J.-B. Say, qui affirme positivement le contraire. En forçant une nation à parachever elle-même les produits qui résultent de l'emploi des matières premières, on développe, autant qu'il est dans la nature des choses, son industrie, c'est-à-dire qu'on multiplie autant qu'on peut dans cette nation les sources de population, de fortune et de force. La prohibition des produits manufacturés qu'on peut fabriquer soi-même, n'a pas non plus d'au-

tre but : on ne veut pas alimenter les sources
de population, de fortune et de force, chez une
nation étrangère : on veut les alimenter ou les
faire naître chez soi, et l'on a, certes, bien
raison.

Quoi qu'en dise aussi M. J.-B. Say, il y a une
grande distinction à faire entre marchandise et
marchandise, bien qu'elles aient la même valeur
au moment de l'échange. Nous le demandons,
si un peuple fournit à un autre peuple 10 millions de marchandises d'une rapide destruction,
et reçoit en échange pour 10 millions de marchandises beaucoup plus durables, n'est-il pas
évident que l'un des deux peuples détruira rapidement 10 millions de capitaux, tandis que
l'autre, ne les détruisant que lentement, en
jouira long-temps encore après? Si le peuple qui
consomme les produits non durables, veut continuer à consommer, il détruit d'autant plus rapidement sa fortune qu'il fait plus d'échanges,
puisque par-là il fait écouler de plus en plus ses
valeurs durables chez le peuple qui lui fournit
les valeurs non durables. Qu'arrive-t-il, enfin ?
le peuple ou les peuples chez lesquels il a fait
écouler les valeurs durables, regorgent de ces
valeurs de lente destruction : ils en jouissent;
ils n'ont plus de besoin à cet égard; le peuple

qui fournissait, non-seulement a vu graduellement baisser le prix des produits durables qu'il
fournissait, mais il doit cesser sa fabrication,
faute de demandes : son industrie meurt. Veut-
il continuer ses consommations rapides? bientôt,
de toute nécessité, sa fortune passe aux mains
de ceux qui fournissent les valeurs de rapide
consommation.

Ainsi, tout peuple, en général, s'appauvrit
d'autant plus qu'il échange des valeurs plus durables contre des valeurs qui sont moins durables. Les fonds de terre, l'argent sont les valeurs
les plus durables : malheur au peuple qui les
échange avec un autre peuple contre des valeurs
qu'il détruit rapidement ! ce dernier peuple a
bientôt en sa possession toute la fortune du
premier, si son gouvernement ne met un frein
salutaire aux échanges, par de sages prohibitions sur les marchandises qui, loin de rapporter
une rente, se consomment rapidement, et ne
sont pas d'une première nécessité ; en un mot,
si l'on n'impose exorbitamment les marchandises de luxe, qui sont surtout de rapide consommation. Au contraire, il faut favoriser tant
qu'on peut l'exportation des objets de luxe,
et d'autant plus qu'ils ont plus de valeur et sont
d'une plus rapide consommation : c'est un moyen

sûr d'attirer rapidement à soi la fortune des autres peuples.

Quant aux échanges qui se font dans la nation même entre particuliers, les particuliers qui font écouler le plus rapidement leurs revenus ou leur fortune même, sont pareillement ceux qui achètent le plus de valeurs rapidement consommables, et ceux qui augmentent le plus leur richesse sont, en général, ceux qui fournissent ces valeurs. C'est par l'excès de ces consommations que des particuliers très‑riches voient souvent en peu de temps tous leurs capitaux durables passer, par des échanges, dans les mains de ceux qui fournissent à ces consommations.

Il y a donc, ainsi que nous l'avons dit, une très‑grande distinction à faire entre marchandise et marchandise, bien qu'au moment de l'échange l'une et l'autre aient la même valeur. Faute d'avoir fait cette distinction, des auteurs, d'ailleurs très‑profonds, sont tombés dans de bien graves erreurs. La *balance du commerce* n'est donc pas un vain mot; l'exportation du numéraire (valeur durable) par l'achat des marchandises étrangères (valeurs non durables) n'est donc pas une chimère, et enfin le peuple qui importe le plus de marchandises, n'est pas, il s'en faut beaucoup, celui qui s'enrichit davantage : conclusions tout opposées à celles auxquelles parvient M. J.-B. Say.

On voit, en définitive, que, de même que pour les particuliers, le peuple qui s'enrichit le plus est celui qui produit le plus et consomme le moins; que le peuple qui s'appauvrit le plus est celui qui consomme le plus et produit le moins; que moins les produits consommés sont durables et plus ils ont de valeur, plus rapide est cette progression vers l'augmentation de richesse pour le peuple qui produit, et vers la pauvreté pour le peuple qui consomme.

On peut maintenant résoudre les deux questions suivantes :

Les consommations rapides sont-elles plus avantageuses que les consommations lentes? — Quelqu'un qui détruit de gaieté de cœur et sans raison un produit de l'industrie fait-il tort à la société ?

Ce qui précède, en effet, donnera la solution de ces questions, dès qu'on aura répondu à la question suivante : Les produits consommés ou détruits sont-ils dus à l'industrie du pays ou à l'industrie étrangère ?

Dans le premier cas, il n'y a évidemment perte

que pour celui qui consomme ou détruit, et nullement pour la nation (à moins toutefois qu'elle n'eût exporté le produit) : la *perte* du consommateur est la valeur qu'il a payée pour se procurer le produit. La valeur payée est passée tout entière entre les mains des producteurs, qui, par là, se trouvent remboursés, non-seulement du capital qu'ils avaient avancé pour fabriquer le produit, mais de ce capital accru d'intérêts plus ou moins forts. Le consommateur s'est appauvri, les producteurs ont augmenté leur richesse, la nation n'a rien perdu.

Dans le second cas, c'est-à-dire si le produit détruit ou consommé est fabriqué par l'industrie étrangère, la nation consommatrice enrichit à ses dépens la nation productrice. Celle-ci gagne d'autant plus que l'autre consomme ou détruit davantage.

La crainte de voir un pays s'épuiser de numéraire par ses achats de marchandises étrangères, est traitée de chimérique par M. J.-B. Say; et c'est avec raison, dans ce sens que, l'argent y acquérant, par suite de son exportation, une plus grande valeur, l'intérêt des étrangers eux-mêmes est de l'y rapporter. L'argent y reviendra donc. Mais comment y reviendra-t-il ? Est-il de la dernière évidence, comme le prétend M. J.-B. Say, voulant faire ressortir l'absurdité de la balance du commerce, est-il de la dernière évidence qu'il ne peut y revenir qu'en échange des produits du pays, qu'on exportera ? Non, certes; car, si, annuellement, la somme en argent des produits importés, surpasse celle des produits exportés, c'est-à-dire si du numéraire sort annuellement, il ne saurait rentrer annuellement qu'en échange de capitaux fixes, pour lesquels le pays où on l'importe doit une rente à ceux qui l'ont fourni; et c'est ainsi que, par une balance constamment inférieure, tous les capitaux fixes d'un pays pourraient graduellement devenir la propriété des étrangers, le numéraire qu'ils auraient prêté leur revenant sans cesse, par le fait de la balance inférieure du commerce, et ne rentrant dans le pays qu'à titre de prêt ou sous forme de capital fixe portant rente. Ainsi, toutes les rentes du pays deviendraient propriété des étrangers, et échapperaient aux mains des nationaux; c'est-à-dire que la fortune entière de ceux-ci passerait aux mains de ceux-là. Et voilà comment, contre l'opinion de M. J.-B. Say, la balance du commerce n'est point une chimère; et voilà comment le commerce d'exportation tend à enrichir, et le commerce d'importation à appauvrir les nations, bien que des idées toutes contraires soient aujourd'hui accréditées, non à la vérité encore parmi les gouvernans, heureusement pour les gouvernés.

CHAPITRE IV.

Sur le travail. — Population, machines, concurrence.— Effet de la propagation de l'industrie. — Ce qui est le plus désirable pour une nation. — Comment on peut encourager l'agriculture.

LE *travail est un trésor*, dit-on. Nous allons voir combien est vrai cet adage populaire.

La multiplicité de professions, les branches diverses dans lesquelles ces professions se divisent et se subdivisent, donnent lieu à un travail prodigieux de la part des hommes dans une nation civilisée. Chaque individu travaillant reçoit d'ordinaire en argent le prix de son travail, soit que ce travail soit le résultat de l'intelligence qui invente et dirige, soit qu'il le soit de la force ou de l'adresse qui exécute. Avec cet argent, l'individu travaillant, se procure plus ou moins de produits provenant des autres industries, ce qui constitue son plus ou moins de richesse. L'argent qu'il donne provient de son travail; et, quand il le donne pour d'autres produits, il paie le travail d'autrui, de même que, lorsque d'autres achètent les produits qu'il a fabriqués ou concouru à fabriquer, leur argent paie son travail. Les capitalistes, qui vivent sans travailler, louent leurs capitaux (argent, terres, maisons, etc.) : l'argent qu'ils reçoivent de ce loyer, va payer le travail de ceux qui ont produit les choses qu'ils achètent. Voilà ce qui se passe perpétuellement dans une nation industrieuse. L'argent, comme on voit, est un moyen d'échange, une échelle commune à laquelle on mesure toutes les choses produites ou de nature à être échangées, pour pouvoir les comparer et échanger. Tout provient, comme on voit, de l'industrie (car les capitaux eux-mêmes n'ont de valeur que par elle), et tout va à l'industrie (car les loyers des capitaux eux-mêmes, qui en proviennent, y retournent); en d'autres termes, tout provient du travail et revient au travail; ou, en d'autres termes encore, *le travail est source de toute richesse ;* c'est pourquoi, en général, 1.º le peuple qui travaille le plus et avec le plus d'intelligence, est celui qui s'enrichit le plus; 2.º le peuple qui achète les produits d'un autre peuple fait écouler sa richesse chez ce peuple; 3.º la balance du commerce n'est point une chimère, etc., etc.

Qu'arrive-t-il si une profession produit au delà

des demandes que lui font les individus des autres professions ou les capitalistes, ou les nations étrangères? que l'offre prévenant, comme on dit, la demande, les produits tombent à bas prix. Qu'arrive-t-il si la profession produit moins qu'on ne demande à acheter? que la demande prévenant l'offre, les produits haussent de prix, jusqu'à ce que, par une plus grande fabrication, l'équilibre entre la production et la demande qu'on en fait soit rétabli.

Dès qu'une production est trop abondante, on diminue la fabrication. Dès qu'une production est trop peu abondante, comme elle se paie cher, eu égard aux frais de production, elle attire à elle le travail précédemment consacré à la production qui, étant devenue trop abondante, a baissé de prix. Ainsi, lorsque des corporations ne s'y opposent pas, l'équilibre se rétablit bientôt entre les diverses professions, et les produits sont partout insensiblement ramenés au niveau de la demande, d'où résulte un bien général.

Est-ce la production qui appelle la population, ou la population qui appelle la production?

Voici, à notre avis, la réponse à cette question, qui divise les économistes modernes.

Produisez-vous de manière à employer toujours plus de bras? la production appelle la population. Produisez-vous avec des machines, et de manière à réduire de plus en plus le nombre de bras? vous avez beau multiplier, au moyen de ces machines, la production, la population n'augmentera pas; une portion de celle qui existe, au contraire, dépérira, ne pouvant trouver à se nourrir par son travail, à moins que les riches, que ceux que les machines font gagner, ne s'imposent des taxes pour la nourrir; et si la taxe cesse, la population, pauvre et sans travail, ou se révoltera, ou s'éteindra si on la comprime. Cette population, au surplus, ne pouvant acquérir aucun des produits par le travail, sa seule ressource, la production languira, à moins qu'on ne la vende au dehors. Il n'y aura que les gens riches, c'est-à-dire les producteurs, qui pourront échanger des produits. Vainement donc les produits augmenteront, la population n'augmentera pas, si l'on n'a pas besoin d'un surcroît d'hommes pour produire. Et vainement la population augmenterait-elle : si elle ne peut travailler, elle ne peut acquérir : elle est à charge à ceux qui produisent, puisque ceux-ci sont obligés de la nourrir, sous peine de la voir se soulever contre eux, ou s'éteindre, s'ils parviennent à la contenir.

En général, comme on l'a très-justement observé, *il vient des hommes où il en est besoin,
et, où il n'en est pas besoin, il n'en vient pas;*
ou, s'il y en a au delà des besoins, ils meurent si
l'on ne soutient pas leur existence par des aumônes, attendu qu'ils ne trouvent pas à la soutenir par l'échange de leur travail contre les
choses d'un indispensable besoin. Qu'un art,
qu'une profession réclame des hommes, c'est-à-
dire, qu'elle leur offre un gain suffisant, soyez
assuré, quelque grand que soit le besoin d'hommes, que la population y courra, et comblera
rapidement le déficit. Cela seul peut exciter la
population. Mais il peut très-bien se faire que
la production, si l'on substitue le travail des
machines au travail de l'homme, s'étende (sur-
tout si l'on exporte les produits) sans que la
population s'accroisse; bien au contraire même,
la population peut diminuer, en raison même
de l'augmentation de production par la substi-
tution des machines aux bras. En un mot, puisqu'il faut le dire, la population est une marchandise tout comme une autre : elle est produite partout où elle est réclamée; elle vient où
le besoin l'appelle. L'invention et le perfection-
nement des machines peut devenir un moyen de
s'en passer de plus en plus : c'est pourquoi,

peut-être, l'Angleterre a un grand surcroît de population qu'elle est obligée de nourrir au moyen de taxes. Plus cette population grossit, plus elle devient difficile à extirper, plus elle devient redoutable : c'est un cancer rongeur qui peut finir par dévorer le corps le plus robuste en apparence ; et, peut-être, parvenu à un certain point, devient-il tout-à-fait sans remède.

Où l'usage des machines s'introduit graduellement, il n'y a pas d'*à-coup;* on ne s'aperçoit pas de l'augmentation de la classe pauvre, qui s'éteint à mesure qu'elle se produit, si l'on ne l'alimente pas, comme on le fait en Angleterre. Les machines sont alors toujours favorables à la masse de la population, en ce que, produisant beaucoup et à bas prix, elles mettent les commodités de la vie à la portée de presque tous. C'est dans ce sens qu'on peut applaudir à l'usage des machines, c'est alors qu'elles sont un bienfait.

Peut-être ce que nous venons de dire sera-t-il propre à concilier les opinions, jusqu'ici divisées, sur l'importante question des machines. Selon nous, l'introduction rapide des machines chez un peuple civilisé et industrieux, est un grand mal, parce qu'elle produit subitement la misère parmi une grande partie de la population, qu'elle prive de travail; l'introduction graduelle est un bien, parce que, sans *à-coup* et sans danger, elle tend à mettre les produits à la portée d'un plus grand nombre d'individus. Chez un peuple où, comme en Russie, l'industrie est naissante, où, comme en Espagne, elle est presque nulle (1), l'introduction rapide des machines aurait pour résultat d'affranchir tout à coup ces peuples du tribut qu'ils paient à d'autres peuples en achetant leurs produits, et de les élever rapidement à un haut point de prospérité et de population, la terre pouvant d'ailleurs occuper et nourrir tous les bras (et un bien plus grand nombre encore) que l'adoption des machines viendrait à rendre disponibles.

L'effet de la concurrence est de faire baisser les prix. La fabrication cesse tout-à-fait dès qu'on ne trouve plus aucun profit à fabriquer, c'est-à-dire dès qu'on ne vend l'objet absolument que ce qu'il coûte à fabriquer. Toutes les nations devenant industrieuses, les relations commerciales tendent de plus en plus à diminuer d'une nation à l'autre : fabriquant elles-mêmes ce dont elles ont besoin, elles n'ont plus besoin de re-

---

(1) Il faut en excepter les ports de mer, et, en général, le littoral : l'industrie, sur-tout commerciale, a vivifié ces points.

courir à d'autres ; ainsi leur prospérité s'accroît à mesure que, par les progrès de leur industrie, elles s'affranchissent de plus en plus des importations, tandis que la prospérité des nations qui exportaient décline dans la même proportion : la population augmente ou décroît en proportion chez ces nations.

Ce qu'on vient de dire de nation à nation a de même lieu de province à province, dans une même nation. La plus industrieuse fournit d'abord aux autres ; mais celles-ci, devenant à leur tour industrieuses, s'affranchissent de ce tribut : elles prospèrent, leur population et leur richesse augmentent, tandis que la province industrieuse décline d'autant plus qu'elle fabrique moins.

Tel est l'effet inévitable de la propagation de l'industrie ; et l'industrie se propage d'autant plus rapidement que les connaissances utiles se multiplient et s'étendent davantage.

Le commerce tend donc sans cesse à diminuer, par la tendance qu'on a à développer les mêmes industries en tous lieux. Le moment approche sans cesse où il ne s'exercera plus que sur les seules productions particulières aux localités et qu'il n'est pas donné à l'art de produire ailleurs. Cet état de choses offrira le comble de la perfection, en ce que chacun, trouvant sous la main les divers objets dont il a besoin, les paiera au meilleur marché possible, puisqu'ils ne coûteront aucuns frais de transport (1). Mais cela suppose que l'objet produit sur les lieux, coûtera moins que le même objet qu'on y aurait porté d'ailleurs, car, sans cela, celui-ci serait évidemment préféré.

Le résultat de l'état de choses dont nous venons de parler, c'est-à-dire de l'extension de l'industrie en tous lieux, sera, aux exceptions près que nous avons mentionnées, que chaque pays sera peuplé juste du nombre d'hommes que le sol peut en nourrir. Toutes les populations *factices*, qu'avait nécessairement accumulées en quelques lieux une industrie exclusive, auront successivement disparu; et les pays devenus industrieux auront graduellement accru la leur: tout, de soi, se sera mis à un juste niveau.

Vu l'état possible de guerre, l'objet le plus

____

(1) Ce qui rend les marchandises coûteuses, c'est, 1.º le transport des matières premières du lieu où elles sont produites au lieu où on les met en œuvre; 2.º les frais qu'il faut faire pour leur transformation; 3.º les frais qu'il faut faire de nouveau pour transporter les produits manufacturés, du lieu où on les manufacture, au lieu où on les consomme. Il est évident qu'en manufacturant et consommant sur les lieux, pour ainsi dire, où se produisent les matières premières, on évite les frais d'un double transport.

désirable pour une nation est, 1.º de ne pas posséder plus d'habitans que le sol du pays ne peut
en nourrir ; 2.º de fabriquer dans son sein tout
ce dont elle a besoin ; 3.º de ne pas fabriquer
plus.

Une nation, en effet, qui possède plus d'habitans que le territoire ne peut en nourrir, est
exposée à la disette, le plus redoutable des fléaux,
dès que, par l'état de guerre, on peut l'empêcher d'importer des subsistances.

Elle est exposée à des privations, si elle ne
fabrique pas dans son sein tout ce dont elle a
besoin, puisqu'il dépend des nations dont elle
est tributaire de le lui refuser.

Que si elle fabrique plus, elle est exposée à
voir refuser ses produits ; et, dès-lors, plus son
exportation était étendue, plus la misère qui la
menace est à craindre.

A mesure que l'agriculture accroît dans une
nation les moyens de subsistance, le gouvernement doit susciter de nouvelles industries, qui
appellent la population ; et il est naturel qu'il
donne successivement la préférence aux industries les plus utiles. L'agriculture accumulant
encore les subsistances, on doit susciter de nouvelles industries dans la nation, de manière à
maintenir toujours la population à hauteur des

moyens de subsistance créés ; car, puisque la population est la force, il faut la maintenir constamment la plus élevée possible, c'est-à-dire, d'après ce que nous venons de faire observer, à hauteur des moyens nationaux de subsistance. A mesure que la population arrive à consommer les subsistances, on doit provoquer la production des subsistances, pour pouvoir augmenter encore, s'il est possible, la population. D'après cela, si (comme on n'en saurait douter) le sol de la France, par l'introduction des nouvelles méthodes de culture, peut graduellement arriver à faire produire au sol de quoi nourrir 100 millions d'habitans, il faut étendre les industries déjà existantes, et en susciter graduellement de nouvelles, pour maintenir sans cesse la population à hauteur des moyens de subsister fournis par l'agriculture, de manière que la population s'élève enfin à 100 millions d'habitans, en même temps que le sol fournira de quoi les nourrir.

Provoquer donc tour à tour et sans cesse l'agriculture et les autres industries, voilà le secret pour porter les états au plus haut degré de force, de richesse et de solide prospérité qu'ils puissent atteindre.

Les deux plus impérieux besoins de l'homme étant de se nourrir et de se vêtir, l'agriculture doit être mise au premier rang des arts industriels parmi les hommes. Comparés à ce premier des arts, qui est d'une utilité fondamentale, tous les autres peuvent, en quelque sorte, être considérés comme des accessoires, ou des arts de luxe.

La population du globe est nécessairement subordonnée à la quantité d'alimens que le globe peut fournir. L'industrie agricole peut singulièrement augmenter encore sans doute la masse des alimens sur presque tous les points de la terre, à mesure que tous les arts industriels multiplient la population ; mais quand on sera arrivé à tirer de la terre le *maximum* d'alimens qu'elle est susceptible de donner, et qu'il se trouvera assez d'hommes pour les consommer, la population ne pourra plus augmenter : elle s'arrêtera nécessairement devant cette borne insurmontable.

Plus on multipliera le nombre des hommes qui travaillent aux autres arts industriels, quels qu'ils soient, plus on provoquera les produits de l'agriculture pour nourrir ce surplus de population. Que si l'agriculture, par ses progrès, devance les besoins, ses produits seront à bas prix. Que si les autres arts tendent, au contraire, à employer plus d'individus que l'agriculture n'est en état d'en nourrir, les produits de la terre seront nécessairement à un haut prix, et la population cessera de croître, malgré le besoin des autres arts, si l'agriculture ne trouve moyen d'accroître, en proportion des besoins, la masse des subsistances.

Les progrès des arts industriels multiplient journellement beaucoup la population; mais pas assez encore, à ce qu'il paraît, pour consommer la masse toujours croissante des moyens alimentaires que l'agriculture produit. L'agriculture paraît devancer les besoins, par le bas prix où sont ses productions. Les agriculteurs ne sauraient donc voir tous les autres arts industriels se multiplier et s'étendre trop rapidement, pour parvenir plutôt à voir se rétablir un équilibre salutaire. Les gouvernemens ne sauraient trop provoquer tous ces arts, s'ils ont à cœur de favoriser l'agriculture : exciter la population par des industries nouvelles et par l'extension des industries anciennes, c'est, encore une fois, le moyen le plus assuré de favoriser l'agriculture, et de l'exciter à de nouveaux progrès. Pour que l'agriculture ne languisse pas, il faut, en même temps que ses produits augmentent, que la population croisse dans la même proportion. Développez toutes les industries en Pologne, où le froment est aujourd'hui pour rien; développez toutes les industries dans les provinces méridionales de la Russie, où il est à si vil prix, la population doublera, triplera, et par suite le froment doublera, triplera de valeur dans ces pays.

Voulez-vous donner un nouvel essor à l'agriculture française qui languit? mettez-la à même de débiter partout ses produits à un plus haut prix. Mais comment? en augmentant la population. Mais comment augmenter la population? en provoquant partout dans son sein, sur-tout par une bonne direction donnée à l'instruction publique, le développement de tous les autres genres d'industrie : les cultivateurs verront alors renchérir les subsistances et les matières premières qu'elle fournit à l'industrie qui les met en œuvre. Ses produits, trop lourds ou trop volumineux pour être transportés au loin, seront consommés sur les lieux mêmes par ceux qui se livreront à l'industrie. Un échange mutuel et local s'établira entre tous les produits, et l'aisance se répandra partout, au moyen de ces échanges locaux. Au lieu de perdre du temps en stériles débats, qu'on provoque de tous côtés des associations pour développer progressivement toute espèce d'industrie là où elle n'est pas : tout le monde y trouvera son profit. La France, ainsi, se couvrira rapidement, et sans danger pour l'avenir, de tous les habitans que son sol peut nourrir, et arrivera au dernier terme de prospérité et de puissance qu'il lui soit donné d'atteindre.

CHAPITRE V.

Sur les riches et les pauvres. — Effet de la dépense des riches. — Effet de la thésaurisation.

Combien les voyageurs, les historiens, les hommes d'état, les amis de l'humanité doivent désirer de connaître les précieuses données qui peuvent faire juger de la prospérité des hommes dans les divers lieux et les divers temps ! Tout au moins devrait-on savoir, dans l'impossibilité de se livrer à des calculs plus précis, combien, à tout instant, un pays renferme d'individus riches, aisés, pauvres ; car voilà, en définitive, la manière dont on doit mesurer la prospérité comparative des individus qui ont peuplé ou peuplent les pays divers.

Plus un pays renferme de pauvres, moins il est prospère, dans le sens que nous venons d'indiquer. Plus les richesses sont concentrées et attirées dans un petit nombre de mains, plus, si les riches ne les dépensent pas à nourrir ou à faire travailler les pauvres, le bouleversement de ce pays est imminent.

Le pays qui aura toujours, en général, le moins à redouter les bouleversemens, sera celui qui renfermera constamment le plus d'hommes aisés, et le moins de riches et de pauvres ; attendu que, lorsqu'il n'y a que des gens aisés, ils ne s'envient point les uns les autres, tandis que les pauvres ne peuvent que nourrir un désir toujours croissant de s'emparer des biens des riches.

On voit par-là à quel point les riches sont intéressés à nourrir, et, mieux encore, à faire travailler les pauvres, en dépensant à cela au moins tous leurs revenus. Quand on travaille et qu'on vit, on ne songe pas à bouleverser ; mais l'oisiveté et la faim, et même l'oisiveté toute seule, peuvent naturellement y amener.

Les gouvernemens ne doivent rien tant redouter que de voir les grandes richesses s'accumuler, et les pauvres se multiplier.

La législation doit donc tendre sans cesse à réprimer la formation de trop grandes fortunes, mal qui, arrivé à un certain point, tend à amener le boulerversement de la société. Mais une fois ce mal existant dans un pays, une fois que les richesses nationales sont devenues le partage du plus petit nombre, et la misère le partage du plus grand, il est urgent, pour prévenir l'orage, que la législation tende efficacement à rompre les grandes fortunes. Le partage égal des successions entre les enfans; le luxe, encouragé outre mesure, bien loin d'être réprimé, mais s'exerçant exclusivement sur les produits de l'industrie indigène; les taxes progressivement beaucoup plus fortes chez les riches, nulles chez les pauvres, etc., sont des moyens à employer. Et, en recourant à ces moyens, le gouvernement agit encore bien plus dans l'intérêt des riches que dans celui des pauvres, car c'est détourner insensiblement des riches tous les dangers qu'un semblable état de choses accumulait sur leurs têtes.

Quand on voit une personne opulente se nourrir, se loger, se vêtir simplement, ne pas dépenser, on la loue, on l'admire. Le blâme public devrait, au contraire, la flétrir. Quiconque ne fait pas une dépense proportionnée à celle que comporte sa fortune, est un mauvais citoyen, un ennemi de ses semblables. Au lieu d'élargir la voie pour que ses revenus s'écoulent dans la société et aillent faire vivre le pauvre en récompensant son travail, il resserre cette voie, il la ferme. Mais, dira-t-on, s'il fait des aumônes? Avec des aumônes, répondrons-nous, à très-peu d'exceptions près, on bannit le goût du travail, on alimente l'oisiveté, chose funeste aux individus non moins que dangereuse pour le repos public. C'est le travail seul qu'il faut, en général, payer. Consommez d'autant plus rapidement que vous êtes plus riche, en un mot, payez le travail proportionnément à vos moyens, vous nourrirez utilement une nombreuse, laborieuse et heureuse population; au lieu qu'avec des aumônes, en général, vous n'eussiez fait qu'encourager à la paresse et au malheur. Toute aumône mal entendue est une prime accordée à l'oisiveté : quiconque s'en rend coupable en est responsable envers la société, qu'il corrompt et dont il aggrave la position.

Tout homme riche est dans l'obligation de dépenser entièrement ses revenus. Si, en payant le travail du pauvre, il ouvre des routes, creuse des canaux, bâtit des ponts, etc. ; c'est-à-dire, s'il dépense productivement son argent en payant un travail constamment utile à la société, il en est à tous égards le bienfaiteur. L'effet patent de cette manière de dépenser est, 1.º d'enrichir celui qui fait la dépense, car toute entreprise utile produit, en général, un revenu plus grand que n'eût fait la somme qu'on y a employée; 2.º d'enrichir ceux qui exécutent le travail; 3.º d'être le bienfaiteur de la société, par la création dans son sein d'un capital durable, utile à tous.

Le riche qui consomme improductivement pour lui ses revenus, nourrit du moins et enrichit ceux qui fabriquent les produits qu'il consomme. Aussi, s'il est ami de son pays, doit-il éviter de consommer des produits étrangers : c'est le travail de ses compatriotes qu'il faut payer, et non le travail des étrangers, quand il y a possibilité d'en agir ainsi. En vain soutiendrait-on le contraire (1).

---

(1) D'où naît ordinairement le luxe? d'un superflu de revenu. D'où vient le revenu et le superflu du revenu? des capitaux possédés. Comment les capitaux possédés donnent-ils revenu? par le travail. Comment le travail est-il payé? par les revenus qu'il fait porter aux capitaux. Ces revenus, fruit du travail, vont et viennent sans cesse du travail aux capitalistes, et des capitalistes au travail. Plus le mouvement est rapide, plus la prospérité est grande; plus le luxe (ardeur de consommer les produits) a d'extension, plus le travail est appelé; plus la population industrieuse s'enrichit et s'augmente : il y a action et réaction continuelle, concourant à augmenter sans cesse le bien-être de tous : tel est le tableau d'un état prospère. Le luxe, ardeur de consommer, est, comme on voit, la vie du corps social : sans lui tout meurt. Avec lui et la prohibition absolue des produits étrangers, l'industrie ne peut que se réveiller dans une nation assoupie, et, par suite, tous les capitaux, auparavant inactifs, y acquérir un rapide accroissement de valeur. Tel est l'enchaînement nécessaire des choses. Éveillez de plus en plus dans une nation le

Chose bien digne d'être remarquée ! c'est le luxe qui consomme improductivement, qui donne lieu au luxe qui consomme productivement. En effet, les routes, les ponts, les canaux, les rivières qu'on rend navigables, les voitures, les bateaux et navires, etc., n'ont pour but que de porter aux consommateurs les produits : sans le *luxe consommateur,* ni les produits, ni les routes, ponts, canaux, etc. , ne seraient fabriqués par le travail. *Le luxe consommateur est donc la cause radicale de la prospérité d'une nation,* contrairement aux opinions aujourd'hui reçues; il est, on ne saurait trop le dire, *la vie du corps social* (1).

---

goût de jouissances nouvelles, si futiles et superflues qu'elles soient ; empêchez absolument que l'industrie des nations étrangères le satisfasse : de toute nécessité, l'industrie intérieure mettra bientôt tout en œuvre pour le satisfaire elle-même : plus les besoins seront pressans, plus vîte et avec plus d'ardeur l'industrie s'empressera d'y répondre : l'énergie des uns fait constamment l'énergie de l'autre; et plus cette énergie est grande, plus la nation prospère. Voilà, si l'on ne se trompe, le grand moteur de la prospérité des nations.

(1) M. J.-B. Say blâme ces vers de Voltaire :

Sachez sur-tout que le luxe enrichit
Un grand état . . . .
. . . .
. . . .
Le riche est né pour beaucoup dépenser.

Quant à celui qui entasse ses revenus, qui thésaurise, au lieu de dépenser son argent ou de le placer à intérêt, celui-là seul fait tort à son pays, en même temps qu'il se fait à lui-même le tort de se priver du revenu de la somme thésaurisée. Voici ce qui se passe quand, dans une nation, un grand nombre de particuliers thésaurisent.

En retirant une grande masse d'argent de la circulation, on en fait hausser le prix dans la nation. Cette hausse de prix attire l'argent des nations voisines, qui vient se placer dans la nation thésaurisante à un intérêt plus élevé qu'il

---

Et ces vers de La Fontaine :

> *La république a bien affaire*
> *De gens qui ne dépensent rien :*
> *Je ne sais d'homme au monde nécessaire*
> *Que celui dont le luxe épand beaucoup de bien.*

Et ce passage de Montesquieu :

Si les riches ne dépensent pas beaucoup, les pauvres mourront de faim. (Espr. des Lois, liv. vii, chap. 4.)

A notre avis, Voltaire et La Fontaine, dans ces vers, et Montesquieu dans le passage cité, n'ont exprimé que la vérité. Nous sommes loin de penser, avec M. J.-B. Say, que *les vaines dépenses* doivent devenir le *mépris du sage*, et que, *plus avancés en économie politique*, Voltaire, La Fontaine et Montesquieu *n'eussent pas dit* ce qu'ils ont dit.

n'était dans ces nations voisines. Par suite, le prix ou intérêt de l'argent croît tout de même dans les nations d'où on le tire, jusqu'à ce que l'équilibre soit rétabli partout, entre le taux de l'intérêt de l'argent, qui devient ainsi partout plus élevé. Tous les placeurs d'argent gagnent, en ce qu'ils trouvent, dès-lors, une plus grande rente du capital prêté. Ainsi, le résultat de la thésaurisation est de faire gagner tous les placeurs d'argent. Il y a plus d'argent, à la vérité, dans la nation thésaurisante ; mais la rente de ce surplus est payée à l'étranger, au lieu de l'être à ceux qui thésaurisent. Dès que ceux-ci voudront placer leur argent, l'argent venu de l'étranger y retournera, et la rente de l'argent thésaurisé restera dans la nation. Il résulte de là que, quiconque thésaurise, fait, comme nous l'avons dit, tort à lui-même et à sa nation.

CHAPITRE VI.

L'intelligence et la force de l'homme con-sidérées comme capitaux, et évaluées.

Au nombre des capitaux possédés, il faut compter pour beaucoup l'intelligence, plus ou moins étendue par les *solides* connaissances acquises, dont on est doué. Ce capital tout seul suffit souvent pour faire acquérir une grande richesse, ou pour augmenter considérablement la richesse qu'on a déjà. Plus une nation renferme d'individus intelligens et nourris de connaissances *vraiment utiles*, plus elle prospère rapidement ; car c'est le capital le plus essentiel que les familles et les nations puissent posséder pour tirer des autres capitaux le parti le plus avantageux, et arriver par conséquent au plus haut degré de prospérité où il soit donné d'atteindre (1).

La force physique, pour l'individu non instruit, est aussi un capital susceptible de pro-

----

(1) Comme on a eu occasion de le dire, l'éducation publique devrait être dirigée vers ce but.

curer plus ou moins de revenu, selon que le travail individuel est plus ou moins rare et nécessaire dans la localité où l'on se trouve.

La capacité, la force physique, comme tout capital partiel ou source de richesse quelconque, se louent plus ou moins cher, en raison du profit plus ou moins grand qu'on espère retirer de leur emploi.

Au lieu de se louer, la capacité, la force physique, peuvent prendre à loyer des capitaux partiels, et les faire valoir. Dans ce cas, ce qui excède la rente que les loueurs paient pour l'usage de ces capitaux est le profit de ces individus, c'est-à-dire la rente de leur capacité, de leur force physique.

Si la capacité, la force physique possèdent des capitaux, elles peuvent les faire valoir elles-mêmes. Dans ce cas, ce qui excède la rente qu'eussent rapportée ces capitaux s'ils eussent été loués, est la rente qu'on retire de la capacité, de la force physique qu'on a employées à les faire valoir.

La force physique a une valeur courante dans chaque localité. Elle peut donc voir, quand elle possède des capitaux, s'il y a un plus grand profit pour elle à les faire valoir elle-même, ou si le profit serait plus grand en louant séparément, 1.º la force physique, 2.º les capitaux possédés.

Quant à la capacité qui possède des capitaux, elle peut voir de même si, en les faisant valoir, l'excès de la rente de ces derniers, sur le loyer qu'on pourrait en obtenir couramment, atteint la rente qu'elle pourrait trouver couramment en se louant; et si, en conséquence, il ne serait pas plus convenable de louer séparément, au lieu d'en disposer soi-même, 1.º la capacité qu'on a, 2.º les capitaux qu'on possède.

Voilà les considérations qui doivent diriger quiconque tient à tirer le plus grand revenu possible des capitaux matériels et immatériels qu'il possède.

Que si l'on ne possède que l'intelligence ou la force physique, on peut juger, par les mêmes considérations qui précèdent, s'il est plus avantageux de les mettre à loyer, ou de leur faire prendre à loyer des capitaux matériels.

C'est à chacun à juger et évaluer, par le profit qu'il en retire, en sus de la rente ordinaire des capitaux (à lui, ou loués) qu'il gère, sa propre capacité ou sa force physique ; et, s'il trouve à utiliser cette capacité ou cette force physique de manière à en retirer plus de profit, à prendre, en toute connaissance de cause, le parti qui lui convient le plus.

CHAPITRE VII.

Chômage ou *Suspension des travaux.*

En signalant les principales causes qui influent en bien ou en mal sur la fortune privée et publique, nous ne devons pas oublier de mentionner le *chômage*, source de perte d'autant plus grande qu'il est plus souvent répété. Nous en avons déjà dit un mot (LIV. II, pag. 71).

On n'exagère pas sans doute en avançant que chaque jour de chômage coûte à la France 10 millions, sur quoi il en reviendrait 2 au gouvernement par l'impôt (1). Comment donc, con-

____

(1) Le revenu de la totalité des Français peut être évalué à 5 milliards ; ce qui, à raison de 300 jours ouvrables, donne 16 ½ millions par jour ouvrable. Certes, sur ces 16 ½ millions, il y en a plus de 10 provenant du fait seul du travail.

Bien qu'il n'entre pas dans nos vues de présenter des applications directes, à cause que nous le croyons inutile, et que d'ailleurs nous manquons des données nécessaires, puisque l'occasion est naturellement amenée d'en faire la remarque, nous dirons que, le revenu de tous les Français s'élevant (par supposition) à 5 milliards de francs (*), et la population de la France

(*) Impôt compris. L'impôt n'est qu'un déplacement de revenu des mains des Français aux mains de quelques Français.

trairement au Concordat, contrairement aux intérêts de son pays et de son Roi, s'obstine-t-on à favoriser plutôt qu'à proscrire le chômage les jours de fêtes supprimées ?

Nous avons vu que *le travail, c'est la richesse;* qu'il est la ressource du pauvre, et que c'est par le travail, et non par les aumônes, que le pauvre doit acquérir l'*aisance* qui lui manque. Or, le pauvre vit au jour le jour : son bien-être journalier, c'est son gain journalier. C'est donc du pauvre qu'il s'agit sur-tout ici. Non, on ne plaidera pas sa cause en vain auprès du clergé français, son protecteur né, auprès des autorités locales, toujours empressées de se rendre utiles aux malheureux. Si l'on devait être sourd, dans quelques localités, à ces inspirations de la bien-

---

à 31 millions d'individus, le revenu moyen de chaque individu en France est de 161^f, et celui de chaque famille (supposée composée de 4 $\frac{1}{2}$ individus) de 724^f. Si 500^f est la somme moyenne nécessaire à procurer l'*aisance* en France à une famille dans le moment actuel, le revenu de chaque famille présenterait une *sur-aisance* de 224^f. Mais, dans quelle proportion inégale le revenu n'est-il pas réparti!..... C'est à une sage législation à faire qu'il se répartisse de plus en plus également, qu'attiré de plus en plus PAR LE TRAVAIL DES PAUVRES, le trop grand revenu des riches chasse enfin la misère de partout. L'humanité le commande, et le repos, la stabilité du gouvernement le prescrivent impérieusement.

faisance, nous ajouterions : Il est permis d'igno-
rer les sources des revenus des nations, des
gouvernemens, de l'*aisance* ou *bien - être* des
classes pauvres; mais il ne doit être donné à
personne d'en arrêter ou suspendre arbitraire-
ment le cours. Nous dirions encore : Trop de
jours chômés accoutument à la paresse, portent
à la débauche; celles-ci mènent à la misère, et
la misère aux crimes et aux bouleversemens : tel
est le fatal enchaînement des choses. Ah ! combien
les gouvernans doivent être attentifs à des empiétemens qui menacent eux et leurs peuples !......
Dans quel état est une nation voisine ! sous quel
joug est son souverain ! et qui pourrait prévoir
par quelle suite de catastrophes ce joug doit
être brisé, si une main amie n'y porte à temps
remède !

CHAPITRE VIII.

De l'Impôt, de son influence, de son emploi, de sa comptabilité.

Chacun, dans une nation, attend son gain des capitaux partiels qu'il possède. C'est sur le gain fait sur chaque capital partiel que l'impôt est censé prélevé. Si l'impôt enlève tout ce gain, le capital partiel ne rapporte plus rien à celui qui le possède, et l'industrie cesse. Moins l'impôt enlèvera du gain moyen annuel, plus il y aura (toutes choses égales d'ailleurs) de profit à exercer l'industrie, et plus elle se multipliera. L'allégement de l'impôt est donc toujours un moyen certain d'encouragement pour le genre d'industrie qui en est l'objet, et l'allégement de l'impôt sur toutes les industries serait un puissant encouragement pour toutes. L'impôt est nécessaire : il doit être judicieusement réparti, modéré, et très-habilement employé, pour tourner constamment au plus grand bien de tous, condition à laquelle tous le paient.

Le gouvernement est comme un particulier.

Ses sources de fortune, ce sont les impôts qu'il prélève sur l'industrie (1). S'il dépense plus qu'il ne reçoit, il s'endette, c'est-à-dire qu'il mange ses revenus à venir; il court à sa ruine, ou à la banqueroute, qui est un vol, un vol d'autant plus scandaleux qu'il est audacieusement et impunément avoué. Non-seulement un sage gouvernement ne doit pas faire des dettes, mais il doit, comme un particulier, employer ses revenus de la manière la plus productive, s'il veut prospérer : ouvrir des routes, creuser des canaux, ne faire que des dépenses utiles à la nation. En effet, plus il développera l'industrie

---

(1) Combien le gouvernement est intéressé à développer, à protéger, à accroître cette industrie, qui est la source de ses revenus et de sa force ! Les revenus d'un état suivent, de toute nécessité, les phases des revenus des individus qui le peuplent. Les revenus des individus proviennent de l'industrie, et cette industrie atteint d'autant mieux son but que les individus sont plus éclairés. Des connaissances solides qu'on acquiert naît l'industrie ; de l'industrie, la richesse ; de la richesse, la population : de là (et de là seulement) la richesse et la force des gouvernemens. Aussi voir un gouvernement, dans une nation voisine, empêcher d'une main que les lumières ne se propagent, et ouvrir l'autre main dans l'espérance qu'on la remplira d'impôts (dont il a le plus pressant besoin), est une contradiction si manifeste qu'elle est inconcevable. C'est, à la fois, vouloir la richesse , et empêcher qu'elle ne vienne.

de la nation par ces dépenses fructueuses, plus il accroîtra les revenus qu'il prélève sur cette industrie, plus il s'enrichira et prospérera lui-même; car la richesse, la prospérité d'une nation font seules la richesse, la prospérité du gouvernement, et celui-ci à son tour favorise, provoque encore la prospérité de la nation, qui est sa richesse et sa force : il y a à cet égard, ou il devrait y avoir, action et réaction continuelles. Il suffit d'énoncer cette vérité pour en faire sentir la justesse.

S'il est un cas où un gouvernement, comme un particulier, doive s'endetter, c'est lorsqu'il peut le faire d'une manière fructueuse, c'est-à-dire, lorsqu'il est sûr, après la consommation, de pouvoir retrouver au delà de la somme qu'il a empruntée et des intérêts qu'il a dû payer, ou que la société, dont le gouvernement est le représentant, trouve dans ces dépenses ces mêmes avantages. Le gouvernement détruit sa propre puissance, s'il fait autrement. Cela est sans doute frappant de vérité.

Voulez-vous voir la grande différence qu'il y a entre dépenser et dépenser, entre bien administrer ou mal administrer, pour un gouvernement? vous allez en juger :

De toutes les causes qui favorisent la rapide

prospérité des nations et la soutiennent, il n'en est aucune, à ce que nous pensons, qui puisse être comparée à un bon système de navigation intérieure. Par son moyen, toutes les marchandises deviennent facilement transportables, et presque sans frais. L'hectolitre de blé qui, transporté par terre à 200 lieues, aurait coûté, par exemple, 10^f de port, transporté par eau, ne coûtera pas peut-être 20^c; en outre, on pourra transporter en peu de temps d'énormes approvisionnemens de cette denrée ou de toute autre; et, dans un temps de disette pour la nation entière, le blé des autres nations pourra être importé en abondance et aisément partout, à un prix peu différent de celui auquel il aura été acheté. Par le moyen des canaux et des rivières navigables, les prix des mêmes choses deviennent sensiblement égaux partout, les échanges entre les produits des divers lieux prennent un développement auparavant inconnu, l'aisance devient générale, la population se multiplie, la nation arrive et se maintient à un haut degré de prospérité.

Eh bien ! si depuis plus de 30 ans qu'on lève des impôts énormes sur une grande nation, on en avait dépensé annuellement une faible partie, 100 millions, par exemple, à creuser des canaux, on se trouverait avoir ajouté pour 3 millards de nouveaux canaux à ceux qui existaient. Examinons attentivement l'effet de cette dépense :

1.º Un grand nombre d'ouvriers auraient vécu dans l'aisance, dans les pays où l'on eût creusé les canaux : la population se serait augmentée, en raison des besoins plus grands d'ouvriers ;

2.º Par cette dépense, le gouvernement, plaçant ses fonds d'une manière avantageuse, eût retiré, par les droits de péage, au moins 10 p. % d'intérêt annuel de l'argent employé. Il eût donc pu diminuer annuellement les impôts de 10 millions au moins chaque année ; tellement qu'aujourd'hui ces impôts pourraient être moindres qu'ils ne sont de plus de 3oo millions.

3.º Les communications devenues faciles et multipliées, et les transports infiniment peu coûteux, l'aisance, la population, la prospérité se seraient accrues à un point à peine croyable. D'une part, l'aisance de la nation se serait accrue par le fait de l'existence des canaux mêmes, et par l'allégement graduel de l'impôt ; et de l'autre, le gouvernement n'aurait rien perdu de ses revenus, ou plutôt il les aurait singulièrement accrus, par l'effet seul de l'accroissement de prospérité et de population du pays.

Que si, au lieu de 100 millions, on en avait dépensé fructueusement 4 fois davantage chaque année depuis 30 ans, quels n'eussent pas été les résultats ? Au lieu d'augmenter de $^1/_5$, on ne craint pas de l'avancer, la population de la nation eût plus que doublé, et sa richesse et la puissance du gouvernement eussent reçu une extension proportionnée. L'argent dépensé pour toutes les guerres faites depuis plus de 30 ans ne laisse aucune trace ; des millions d'hommes ont été détruits, et toutes les nations pressurées et rendues malheureuses. Qu'on mette en parallèle ce que chaque nation est, et ce qu'elle aurait pu être, si, au lieu de dépenser ses revenus à faire périr des hommes, on les eût consacrés au bien-être et à l'accroissement de la population !

Creusez des canaux ; dérivez les eaux des fleuves et des rivières, pour opérer des irriga-tions en grand et quadrupler ainsi les produits des campagnes ; versez des eaux dans les rivières qui en manquent, en y dirigeant les eaux d'au-tres rivières qui en ont en surabondance, afin de les dériver ensuite en canaux d'irrigation, d'alimenter les moulins et de pouvoir couvrir leurs cours d'utiles usines, etc., etc. Voilà l'utile, le solide, le grand. Qu'on renonce aux puériles discussions, et qu'on ne s'occupe enfin que de ce qui est vraiment important : l'amour des peuples et les bénédictions de la postérité en seront la juste récompense. Que l'immortalité, à laquelle on court, est douce à ce prix ! Que la gloire des conquérans pâlit, grand Dieu, devant une telle gloire !

L'effet patent de l'impôt est celui-ci : *Appauvrir ceux sur qui on le prélève; enrichir ceux à qui on le distribue.*

Tout individu qui n'est qu'*aisé*, dans le sens que nous avons attaché à ce mot, devrait être exempt de l'impôt; à plus forte raison ceux qui sont au-dessous de l'aisance.

Plus on est élevé au-dessus de l'état d'aisance, plus on devrait payer d'impôt dans une progression rapidement ascendante. L'égalité de l'impôt, c'est-à-dire en simple proportion de la fortune possédée, ne paraît pas équitable. Pour être assis paternellement, l'impôt demande à suivre une progression bien autrement rapide; et ce but peut être atteint, si l'on frappe les marchandises d'un impôt progressivement d'autant plus fort qu'elles s'éloignent davantage, par leur recherche ou leur futilité, des simples et indispensables nécessités de la vie.

Le meilleur usage qu'un gouvernement puisse faire de l'impôt, est de l'employer à enrichir les pauvres, en l'échangeant contre les travaux utiles à tous que ces pauvres peuvent exécuter en retour.

En agissant ainsi, on n'assure pas seulement le bien-être des peuples, on assure aussi leur repos et la stabilité des gouvernemens.

Faire passer l'impôt dans des mains déjà riches, est le plus mauvais emploi qu'on puisse en faire, après celui toutefois qui tendrait à le faire passer et consommer hors du pays.

Il paraît juste que, puisque les revenus de l'industrie ont baissé, les impôts soient de même réduits en proportion, soit qu'ils soient destinés à payer des salaires, soit qu'ils soient destinés à faire des achats ou des travaux. En effet, si les matières premières, si tous les produits ont baissé de prix, eu égard à leur coût; si avec moins d'argent on peut acheter plus de quoi que ce soit, il est naturel que l'impôt soit réduit, puisqu'avec moins d'argent on peut faire autant de choses. Tous les revenus doivent être imposés, et celui du gouvernement comme les autres, lorsque ceux de l'industrie devenant plus petits, ceux du gouvernement deviennent en disproportion avec eux. Cela paraît résulter d'une exacte justice. Si vous conservez le même revenu en argent, quand tout vaut moins en argent, vous êtes plus riche que vous n'étiez, vous avez un salaire plus grand : c'est ce revénu plus grand qu'il faut atteindre, et, au moyen de ce juste prélèvement, alléger l'impôt de l'industrie, qui a un revenu moins grand. La justice veut que la quotité de l'impôt suive la quotité du revenu, à l'égard de chaque industrie. Puisque l'impôt est annuellement voté, annuellement on doit s'efforcer de le proportionner au revenu actuel de chaque industrie. Chaque industrie, plus ou moins représentée à la chambre haute et à la chambre élective, doit trouver tour à tour des défenseurs qui éclairent le gouvernement sur la véritable situation des choses. Le gouvernement, protecteur né de toutes les industries, doit s'attacher, par l'intermédiaire de ses agens, à recueillir sans cesse les renseignemens les plus précis sur l'état de prospérité de chacune d'elles, afin d'être à même de rendre une exacte justice à toutes, en les imposant équitablement, c'est-à-dire en proportion de leurs véritables revenus actuels. Il est temps, comme nous avons déjà eu occasion de le dire, que toutes les discussions oiseuses fassent place partout à celles des solides et réels intérêts du pays : la prospérité nationale et l'affermissement du trône en dépendent : la France a le droit de le réclamer, et de l'attendre de ceux qui prennent part à la confection des lois qui doivent la régir.

Au surplus, le contenu de ce chapitre fait assez voir que le gouvernement d'une nation peut et doit, comme un particulier, tenir une comptabilité rigoureuse et détaillée, pour apprécier, une à une, ses diverses sources de *profit* et de *perte*, et les saisir et pouvoir faire saisir à ses administrés, d'un coup d'œil, sur un *Tableau synoptique* présentant le relevé annuel et la balance définitive de tous ses comptes.

CHAPITRE IX.

Distinction des capitaux partiels. — Influence prodigieuse des échanges qu'on en fait, sur la prospérité des particuliers et des nations.

Tout capital partiel qu'on possède peut, en général, se ranger dans l'une des trois classes suivantes :

I. *Objets durables ;*

II. *Objets d'une durée plus ou moins longue, mais bornée ;*

III. *Objets rapidement consommables ou destructibles.*

§. I. *Objets durables.*

Dans cette classe on doit distinguer :

1.º L'objet durable, susceptible de donner, sans soins, un profit certain plus ou moins grand. La terre qu'on loue ou afferme, l'argent placé à intérêt avec garantie, etc., sont dans ce cas.

2.° *L'objet durable, susceptible de donner un profit annuel plus ou moins grand, par les soins de celui à qui il appartient, ou qui en a la gestion.* Une pièce de terre qu'on cultive est dans ce cas. Selon l'intelligence du spéculateur et l'influence de circonstances favorables, on peut retirer de pareils capitaux partiels une rente nette plus ou moins élevée, comparativement à la valeur de ces capitaux et aux dépenses faites. Entre des mains inhabiles, ou avec des circonstances défavorables, ces capitaux peuvent ne rapporter que peu, ou même devenir des sources plus ou moins grandes de perte.

3.° *L'objet durable, non susceptible de rapporter du profit.* Les diamans et autres pierres précieuses, l'argenterie, les bijoux d'or et d'argent, sont, en général, dans ce cas. En supposant que les diamans et pierres précieuses puissent se réaliser à volonté pour l'argent qu'ils ont coûté, l'effet de leur possession est de priver, tout le temps qu'on les garde, de la rente que l'argent qu'ils représentent eût portée : c'est une diminution volontaire que, en les gardant, on opère sur son revenu. Si l'on a pour 10,000^f de diamans et autres pierres précieuses, c'est (le taux de l'argent supposé à 5 pour %, avec garantie du capital) une somme de 500^f dont on diminue volontairement son revenu. Que si, comme il paraît, la valeur vénale de ce que Smith appelle *la plus puérile, la plus basse et la plus misérable de toutes les vanités,* décline avec le temps, malgré que la matière se conserve intacte, c'est, outre la perte de la rente dont on se prive, une diminution de capital à laquelle on se condamne; en un mot, c'est une double perte volontaire qu'on éprouve. Quant aux bijoux et ustensiles d'or qu'on possède, non-seulement, dès qu'on les acquiert, on se prive de la rente de l'argent qu'ils coûtent, mais, ne pouvant plus tard les revendre qu'au poids, on perd tout ce qu'ils avaient coûté de façon, c'est-à-dire une grande portion du capital qu'on avait donné pour les acquérir. L'argenterie, la vaisselle plate sont dans le même cas : tant qu'on les garde, on se prive de la rente de l'argent qu'elles ont coûté, et l'on perd, quand on les vend ensuite (on suppose que l'usage n'ait pas altéré leur poids, comme on l'a aussi supposé pour les bijoux d'or), tout ce qu'on avait payé en sus de la valeur de la matière, pour la façon.

On voit que l'acquisition et la possession de la sorte de capitaux partiels dont on vient de parler, porte d'autant plus coup à la rente annuelle et au capital même qu'on possède, qu'on en acquiert et garde davantage.

Un particulier qui a pour 3o,ooo^f de ces capitaux morts, pourrait, en les réalisant, accroître tout à coup son revenu annuel de 15oo^f, en supposant le taux naturel de l'intérêt de l'argent à 5 pour %.

Par la même raison, si, comme il est permis de le penser, il y a en France pour 2 milliards de ces valeurs mortes, en les réalisant parmi les autres nations en valeurs actives rapportant 5 pour %, la France aurait 100 millions de plus de revenu annuel; et si le gouvernement prélevait le 1/5 de ce surplus de revenu, il accroîtrait son revenu annuel de 20 millions.

4.° Dans la première classe, on doit encore distinguer l'*objet durable, ne rapportant pas profit, et demandant un entretien.* Une pièce de terre en parterre, en jardin d'agrément, en parc, etc., est dans ce cas, ou, du moins, le profit qu'elle donne ne couvre jamais, ou que bien rarement, les frais d'entretien que sa destination exige. La possession de ces sortes de capitaux est encore plus préjudiciable que celle des diamans, bijoux, etc., dont on vient de parler.

§. II. *Objets d'une durée plus ou moins longue, mais bornée.*

Dans cette classe on doit distinguer :

1.° *Les capitaux partiels, susceptibles de se reproduire avec bénéfice.* Les diverses sortes d'animaux d'une exploitation rurale, par exemple, sont dans ce cas : leur vie est plus ou moins bornée; mais, dans bien des cas, ils reproduisent avec un grand bénéfice le capital qu'ils ont coûté ou qu'ils représentaient, eu égard à leur dépérissement, à la consommation qu'ils ont faite, à toutes les dépenses qu'ils ont exigées. Les denrées, les marchandises de toute sorte, qu'on garde, peuvent aussi se reproduire avec bénéfice, si leur cours vient à hausser. Mais, de même que les capitaux dont il s'agit peuvent être, une source plus ou moins grande de profit, de même leur possession peut devenir une source de perte plus ou moins grande. L'avantage de la possession de ces sortes de capitaux partiels (et de toutes choses possédées, en général) se juge, à la longue, par le taux moyen, plus ou moins considérable, de la rente annuelle retirée de la valeur en argent que ces capitaux représentent.

2.° *Les capitaux partiels, non susceptibles de se reproduire avec bénéfice.* Nous comprenons sous cette désignation, en premier lieu, les bâtimens, machines, outils, etc., construits ou achetés pour les besoins de la sorte d'industrie à laquelle on se livre. Si ces capitaux ne perdent de leur valeur que quand on en fait usage, il peut arriver, si l'on n'en use pas, qu'ils ne perdent pas de leur valeur annuellement; mais cela est rare sans doute, et il est bien plus rare encore qu'on trouve à s'en défaire avec bénéfice. Ces capitaux n'étant donc, généralement, qu'une source de perte, source d'autant plus grande que leur valeur est plus grande et leur durée moins longue, on ne doit acquérir ou garder que ceux dont on a un réel besoin, par la nature des spéculations qu'on fait (1).

---

(1) Un proverbe fort ancien dit : *Sois prompt à planter, lent à bâtir.* C'est qu'en général tel arbre qu'on plante se reproduit, sans nuire au sol, avec un immense bénéfice, comparativement à l'achat primitif, et que le bâtiment qu'on construit est souvent par lui-même une source de perte considérable. D'une part, le capital placé en arbres qu'on plante s'accumule sur lui-même dans une progression à peine croyable, ou fournit une rente annuelle très-grande comparativement au placement, si même il n'offre pas ces deux avantages à la fois; de l'autre, le bâtiment ne rapporte souvent rien par lui-même, exige des frais annuels

En second lieu, nous comprenons sous cette même désignation *les objets ayant valeur, à l'usage de la famille,* tels que subsistances, vêtemens, logement, mobilier, chauffage, éclairage, etc. Nous devons faire observer, à l'égard de ces objets, 1.º que tout ce qui va au delà de la satisfaction des vrais besoins réels, que tout ce qui s'écarte du simple et va au luxe, est une voie plus ou moins large qu'on ouvre à l'écoulement de son revenu ou même de sa fortune, si l'on ne sait se borner à une juste mesure; 2.º que, d'une part, plus les objets destinés à la satisfaction des besoins sont, par leur nature et la manière dont ils sont confectionnés ou apprêtés, susceptibles de prolonger leur durée, et, d'autre part, moins ils coûtent, moins la source de perte qu'ils occasionnent est grande.

§. III. *Objets rapidement consommables ou destructibles.*

Enfin, la troisième et dernière classe des capitaux partiels présente les mêmes cas que les objets de la seconde classe; seulement, les objets

---

d'entretien, et perd annuellement de sa valeur. Aussi ne doit-on bâtir, à la campagne sur-tout, et dans bien des occasions ailleurs, que lorsqu'on y est absolument contraint par la nécessité.

de la troisième classe étant d'une consommation et d'une destruction plus rapide encore, on doit avoir une grande attention à en consommer ou détruire d'autant moins, qu'ils sont d'une plus grande valeur et plus rapidement consommables ou destructibles et moins utiles, et qu'on a un revenu annuel plus borné; sans quoi, non-seulement on pourrait faire disparaître en un clin d'œil son revenu, mais porter une atteinte funeste à sa fortune même.

Par le peu que nous venons de dire, et que la *Comptabilité de la fortune* fera ressortir dans le plus grand jour, si l'on veut la tenir, on voit clairement devant soi les chemins qui conduisent à augmenter, à maintenir ou à diminuer la fortune qu'on a. C'est à chacun à se consulter, et à choisir le chemin qu'il veut suivre. La comptabilité (nous ne saurions trop le répéter), si on la tient, mettra chaque année sous les yeux la véritable situation où l'on se sera mis par la conduite qu'on aura tenue ou les spéculations qu'on aura faites dans l'année. Sous le rapport individuel ou privé, on ne peut, ce nous semble, pas demander davantage à la science qui nous occupe.

A la place d'individus, maintenant, mettez

des nations : l'échelle sera plus grande, mais, de la nature des choses qu'elles échangeront, comme de la nature des échanges que fait un particulier, dépendra indubitablement la nouvelle situation de fortune de chacune d'elles : les mêmes causes, en petit ou en grand, amèneront nécessairement les mêmes effets. D'où il suit que les choses que les nations échangent, quoique ayant la même valeur au moment de l'échange, peuvent influer très-différemment sur leur fortune, et, à la longue, amener la ruine de l'une d'elles. Le haut point de prospérité où est montée l'Angleterre, l'abîme de misère où est descendue l'Espagne, peuvent sur-tout être expliqués par là. De tous côtés, comme on voit, on arrive à cette conclusion que *la balance du commerce n'est point du tout une chimère et une absurdité*, comme, depuis Smith et d'après lui, on s'obstine à le soutenir, traitant un peu trop dédaigneusement, à notre avis, les hommes d'état et les gouvernemens qui hésitent encore à se ranger sous la nouvelle bannière.

En substance, *déplacer profitablement*, voilà le secret de la réussite dans toute entreprise industrielle ; *échanger profitablement*, voilà, pour un particulier comme pour une nation, le secret de faire prospérer sa fortune. Le *luxe* (goût qui porte à dépenser au delà du nécessaire, constituant l'*aisance* ou *bien-être*), détruit la fortune de la nation, lorsqu'il consomme improductivement des produits qu'elle n'a pas fabriqués ; lorsqu'il consomme les produits fabriqués par la nation, bien loin d'être un mal, le luxe est un grand bien, en ce qu'il fait descendre la fortune parmi les classes industrieuses, multiplie la population qu'il appelle à un travail toujours croissant, rompt enfin les trop grandes fortunes qui, sans lui, s'accumuleraient dans les mêmes mains, au grand détriment du repos de l'état et de la prospérité de la nation. Enfin, nous dirons, contrairement à l'opinion unanimement répandue (1) parmi les publicistes et presque tous les hommes : *Malheur à la nation qui puise sans mesure sa force au dehors d'elle-même, par les produits qu'elle vend aux autres nations: le développement de l'industrie chez ces dernières doit être le signal de sa décadence et de sa chute.* La durée de la Chine sera éternelle, parce qu'elle puise exclusivement dans son sein

____

(1) Unanimement, en effet, on demande et l'on cherche à vendre au dehors, et outre mesure, les produits de l'industrie indigène.

les élémens de sa vie : celle de l'Angleterre ne le sera pas, parce qu'elle puise chez les autres nations les élémens de sa force, et que le moment arrive où ces nations, par le développement de leur industrie, vont les lui retirer : malheur à elle ! chaque progrès que font ces nations dans les connaissances utiles, et, par suite, dans les arts industriels, sape, sans retour, les fondemens de sa puissance.

La mesure du profit ou de la perte annuelle de fortune, pour un particulier comme pour une nation, est la différence entre les sommes des capitaux partiels possédés au commencement et à la fin de l'année; ou, si l'on veut, le profit est l'excédant de la production sur la consommation, et la perte l'excédant de la consommation sur la production, en comprenant dans la production l'accroissement de valeur qu'ont pu éprouver dans l'année les choses possédées, et dans la consommation la diminution de valeur qu'elles pourraient avoir éprouvée aussi dans l'année.

En général, on cherche à exporter, c'est-à-dire à vendre au dehors l'excès de la production, et à importer, c'est-à-dire à acheter au dehors le déficit que cette même production peut présenter par rapport aux besoins de la consommation.

L'exportation est donc en général un signe de prospérité, et l'importation un signe de pauvreté : l'une annonce une surabondance de choses, l'autre un manque de choses pour la satisfaction des besoins. Si ce qu'on exporte suffit juste à acquérir ce que l'on importe, le commerce se balance exactement. Si ce qu'on exporte vaut plus que ce que l'on importe, on acquiert de l'argent en retour de ce qu'on exporte en sus. Si ce qu'on importe vaut plus que ce qu'on exporte, on donne de l'argent en retour du surplus de ce qu'on importe.

Or, l'argent étant une valeur durable, susceptible de donner un revenu annuel plus ou moins grand, il s'ensuit, en général, qu'en exportant pour une valeur plus grande qu'on n'importe, on s'enrichit, tandis qu'en important pour une valeur plus grande qu'on n'exporte, on s'appauvrit. Donc si, à la longue, la balance du commerce continue d'être défavorable, on marche probablement à sa ruine; et si, à la longue, la balance continue d'être favorable, on s'élève probablement à une prospérité croissante.

Encore une fois, cela s'applique à un particulier qui fait des échanges avec des particuliers, comme à une nation qui fait des échanges avec d'autres nations. Dans l'un comme dans l'autre cas, l'exportation est ce qu'on vend au dehors, provenant du dedans, et l'importation, ce qu'on achète pour le dedans, provenant du dehors.

On a dit que dans un cas on marchait *probablement* à sa ruine, et dans l'autre cas *probablement* à une prospérité croissante, parce que, si l'on garde au dedans ses produits, et s'ils ont une valeur supérieure aux objets qu'on importe pour consommer, on prospère, bien qu'on consomme des produits du dehors, sans en exporter aucun du dedans; tandis que, si l'on exporte plus qu'on ne produit, et si ce qu'on importe pour consommer vaut plus que ce qu'on produit, on peut, tout en exportant pour une plus grande valeur, s'appauvrir d'autant plus qu'on exporte davantage au delà de ce qu'on a produit. Dans un des cas, l'accumulation de fortune est supérieure à la valeur de ce qu'on importe pour consommer; dans l'autre cas, on exporte une portion de sa fortune, et, important pour la consommation plus qu'on ne produit, on consomme réellement une portion de cette fortune.

Un agronome qui, sans cesser de produire la même quantité de froment, produit, par l'adoption d'un meilleur système de culture, une quantité toujours croissante de fourrages, a un profit annuel de plus en plus considérable; mais, s'il ne vend pas ses fourrages, s'il les fait consommer au dedans, non-seulement son exportation, c'est-à-dire sa vente au dehors, n'augmente pas, mais au contraire elle peut diminuer; et son importation en graines fourrageuses, en plâtre pour assurer le produit des fourragères, en journées de travail, outils et instrumens pour couper et faner les fourrages, en voitures pour les transporter, en jumens, vaches, brebis pour les manger, etc., son importation, disons-nous, augmente considérablement, c'est-à-dire qu'il est tenu à une grande dépense d'argent, sur-tout s'il fait construire des logemens pour les fourrages et animaux, ou agrandir ceux déjà existans. Dans ce cas donc, un agronome achète beaucoup plus qu'il ne vend; et cependant, par la multiplication de ses animaux, le travail et les autres produits qu'ils donnent, il s'enrichit souvent considérablement : l'accumulation de richesse est toute intérieure, rien ne la manifeste au dehors; bien loin de là, l'agronome, exportant beaucoup d'argent, a l'air de se ruiner aux yeux inattentifs.

D'autre part, on conçoit qu'en suivant l'ancien système de culture, un agronome, se trouvant à court de fourrages, au lieu d'en acheter, envoie une portion de ses animaux, qu'il ne peut nourrir, au marché ; et, avec tout ou partie de l'argent de leur vente, achète pour son usage des choses d'une consommation plus ou moins rapide. En vain l'exportation balancera-t-elle l'importation, en vain lui sera-t-elle supérieure, l'agronome marchera à sa ruine : il consommera la fortune qu'il a, tandis que le vulgaire, témoin de ses ventes et achats au marché, pourra croire qu'il est dans un plein état de prospérité.

Ce qu'on vient de dire de deux individus, on peut le dire de deux nations.

Ce peut être donc, dans un grand nombre de cas, une apparence bien trompeuse de prospérité, que la balance favorable du commerce; et une apparence bien trompeuse de décadence, que la balance défavorable du commerce. C'est à l'intérieur qu'il faut regarder. La valeur possédée augmente-t-elle annuellement? vous prospérez, en dépit de l'exportation de l'argent. La valeur possédée diminue-t-elle? vous déclinez, en dépit de l'importation de l'argent. Les États-Unis d'Amérique, et l'Espagne, sont un exemple bien frappant de l'un et de l'autre.

Les colons américains, en se défaisant de l'or et de l'argent qu'ils possédaient ou parvenaient à acquérir par la vente de leurs produits, en en empruntant même pour s'en défaire, en ayant une balance de commerce constamment défavorable, parvenaient à se procurer les produits manufacturés qui leur manquaient; ce qui leur permettait de s'occuper presque exclusivement à mettre en culture la terre fertile qui était sous leurs pas, à lui donner une valeur plus considérable, plus impérissable et plus productive que l'or et l'argent qu'ils donnaient; valeur nouvelle, d'où sortaient, non-seulement une quantité toujours croissante de subsistances, pour nourrir une population incessamment plus nombreuse, mais encore une masse toujours plus considérable de matières premières, alimens de l'industrie; c'est-à-dire, de quoi pourvoir à tous les besoins d'un peuple civilisé et incessamment plus nombreux, de quoi s'affranchir de tout tribut ultérieur envers l'industrie étrangère. La valeur possédée croissait ainsi à vue d'œil aux États-Unis, et avec elle la population, l'industrie, l'abondance. L'argent, judicieusement exporté, produisait ce miracle.

D'autre part, la décadence de l'Espagne date du moment où elle a commencé à importer d'Amérique l'or et l'argent dans son sein. Négligeant dès-lors son industrie, elle a cru qu'il lui suffirait désormais de pouvoir payer les produits de l'industrie étrangère, pour vivre aisée et sans rien faire. Elle a donné de l'or et de l'argent, valeur durable et rapportant profit, pour des marchandises de plus ou moins rapide consommation, et non susceptibles de rapporter profit. L'industrie étrangère a ainsi rapidement attiré son or et son argent; bientôt elle en a eu d'autant moins besoin qu'elle en avait attiré davantage; et l'Espagne, cependant, n'a pas éprouvé un moins grand besoin des produits de l'industrie. Dès-lors, elle n'a plus pu pourvoir que graduellement moins à la satisfaction de ses besoins; elle a décliné, elle s'est dépeuplée, elle est devenue misérable. Pour comble, les mines qui l'alimentaient de métaux précieux, semblent devoir se fermer sans retour pour elle, outre que les frais d'exploitation commençaient déjà à l'emporter sur les produits qu'on obtenait. Eh bien! pourrait-on dire, la possession des mines d'or et d'argent avait étouffé l'industrie de l'Espagne et causé sa misère; que leur perte devienne le signal du réveil du travail et le garant d'un meilleur avenir! Qu'avec l'or et l'argent qui lui restent encore, elle excite les talens; que les talens fondent l'industrie parmi elle; qu'elle emprunte même de l'or et de l'argent pour ces grands objets; qu'elle augmente ainsi graduellement la valeur possédée, s'affranchisse tout-à-fait du tribut qu'elle paie à l'industrie étrangère : elle s'enrichira, se peuplera, prospérera. De l'excès du bien était né le mal, que de l'excès du mal renaisse le bien. Le développement des facultés intellectuelles, les connaissances positives et non futiles, le travail (surtout appliqué à des travaux d'utilité durable), sont les abondantes sources de la prospérité des peuples, dont l'ignorance et la paresse sont les fléaux : ouvrez ces sources sans crainte ; élargissez-les, au lieu de les restreindre et de les fermer. C'est sur ces solides bases qu'il faut édifier : *Aide-toi, Dieu t'aidera*, dit le proverbe ; c'est-à-dire, *apprends, travaille, tu prospéreras*. Que si l'ignorance, la paresse et l'inertie ne peuvent être sitôt vaincues par les Espagnols eux-mêmes, qu'au moins de généreuses institutions accordent sûreté, protection, liberté aux étrangers, et des entrepreneurs d'industrie accourront de toutes parts avec leurs capitaux pour rouvrir les sources de la prospérité et de la richesse sur un sol aujourd'hui sans valeur, et qui ne demande qu'à être fécondé.

Nous ne pensons pas que, des exemples que nous venons de citer, on infère rien contre le grand principe de la Science de la richesse qui

prescrit *d'échanger contre des valeurs plus profitables ,* soit que les échanges aient lieu d'individu
à individu, soit qu'ils aient lieu de nation à nation. Bien loin, en effet, que les exemples cités
portent atteinte à ce principe, ils ne font que
le confirmer pleinement; car, en changeant l'or
et l'argent contre de la terre propre à produire,
les Américains acquéraient une rente durable
supérieure à celle que l'or et l'argent eussent pu
donner (1); et les Espagnols, en changeant leur

(1) C'est là vraiment ce qui avait lieu en réalité, puisque la
valeur des choses achetées au dehors avec l'or et l'argent, consommée, reparaissait aussitôt, fort accrue, eu terres cultivées.
Mais dès que l'industrie des Américains a pu produire les choses
que leur fournissait l'industrie étrangère, ou plutôt dès qu'ils
ont pu s'affranchir du joug qu'on leur imposait de les acheter
exclusivement de la métropole, ils se sont bien gardé d'en
continuer l'importation : ç'aurait été une source, désormais
rendue inutile, de perte pour eux. Bien loin de là, vendant
plutôt eux-mêmes des produits de leur industrie à d'autres nations, ils ont, à leur tour, attiré dans leur sein l'or et l'argent,
c'est-à-dire la richesse de ces nations. Voilà sans doute le double
secret de leur étonnante prospérité. Toujours, comme on voit,
ils ont eu devant les yeux ce principe fondamental de la Science
de la richesse : *ne faire que des échanges profitables.* S'ils
avaient eu dans l'origine le goût du luxe, les échanges faits au
dehors, de leur or contre des marchandises de rapide et impro-
ductive consommation, les eussent ruinés, et, au lieu de prospérer, ils se seraient, plus vite que l'Espagne encore, préci-

or et leur argent contre des marchandises qu'ils consommaient, échangeaient une valeur durable qui, placée à l'étranger, eût pu leur procurer une rente durable en argent ou marchandises, contre des valeurs, non-seulement ne produisant pas rente, mais très-rapidement destructibles. Les Américains prospéraient rapidement, parce qu'en donnant de l'or ils faisaient un échange très-profitable; et les Espagnols déclinaient rapidement, parce qu'en donnant de l'or ils faisaient un échange très-ruineux.

---

pités dans la misère, par des échanges ruineux. Voilà pourquoi, quand le goût du luxe s'empare d'une nation, il faut que son gouvernement empêche tout échange ruineux avec le dehors, et qu'il force cet échange à s'opérer au dedans, pour que la richesse ne s'écoule pas au dehors, et suscite dans la nation même l'industrie du dehors à laquelle on aurait payé tribut. En vain le commerce, qui seul y trouve son profit en revendant à l'intérieur plus cher qu'il n'achète au dehors, demande-t-il à importer des objets de luxe, qu'à l'intérieur on peut ou pourrait produire : il faut que le gouvernement s'y oppose d'une volonté ferme, et soit très-vigilant à l'empêcher : il y va de l'intérêt du pays, toujours identique avec celui du souverain. Tout objet de contrebande doit être impitoyablement confisqué, et réexporté au profit de l'état : le brûler ou détruire serait stupide, puisque ce serait se priver de la valeur que cet objet peut être revendu au dehors.

CHAPITRE X.

Des Emprunts. — Des Dettes, et des moyens de s'en libérer.

On emprunte dans un de ces trois buts :

1.º Pour replacer dans une entreprise quelconque ;

2.º Pour consommer improfitablement la valeur empruntée ;

3.º En partie pour replacer et en partie pour consommer la valeur empruntée.

Examinons chacun de ces cas.

1.º *Si l'on emprunte pour replacer.* Il peut arriver, en premier lieu, que l'argent emprunté soit transformé en un capital durable, auquel cas on gagne, si la rente annuelle du capital durable est au-dessus de l'intérêt annuel à payer; sinon, on perd plus ou moins : si la rente est égale à l'intérêt à payer, on ne gagne ni ne perd.

En second lieu, si l'argent emprunté, au lieu d'être converti en capital durable, l'est en capital d'une durée bornée, on peut gagner, perdre, ne perdre ni ne gagner, selon que la rente annuelle de ce capital est supérieure, inférieure ou égale à ce qu'elle doit naturellement être, vu la durée bornée du capital, et vu l'intérêt durable annuel qu'on sera obligé de payer pour le capital durable emprunté, tant qu'on n'aura pas restitué l'argent emprunté.

2.° *Si l'on emprunte pour consommer improfitablement la valeur empruntée.* Emprunter de cette manière, c'est, évidemment, diminuer son revenu annuel de tout l'intérêt qu'on est obligé de payer à celui à qui on emprunte; de telle sorte que, si l'on continue à emprunter pour consommer, il peut arriver qu'on soit obligé de payer enfin aux prêteurs la totalité des revenus dont on jouit.

Tel est l'abîme effrayant où courent se précipiter tous ceux qui, sans y bien réfléchir sans doute, empruntent incessamment pour consommer. Leur revenu tout entier disparaît ainsi successivement de leurs mains.

3.° *Si l'on emprunte en partie pour replacer, et en partie pour consommer la valeur empruntée.* Il peut arriver que la portion placée, par l'intérêt rapporté eu égard à la nature du placement, soit plus que suffisante, suffise juste où ne suffise pas à compenser la perte de la portion consommée ; auquel cas on gagne, on ne gagne ni ne perd, on perd, à la manière dont on a disposé de ce genre d'emprunt.

Tout ce qu'on vient de dire, relativement à l'emploi des sommes empruntées, s'applique à un gouvernement comme à un particulier.

Ainsi, quand un gouvernement emprunte pour consommer, comme il arrive presque toujours, il diminue son revenu, ou, si l'on veut, ses ressources à venir, de tout l'intérêt qu'il est obligé de payer à ses créanciers ; tellement que, s'il continue à emprunter et à consommer sans profit, il peut faire passer enfin la totalité de son revenu ou de ses ressources à venir dans les mains de ceux qui lui ont prêté.

Voilà l'effet inévitable de ces sortes d'emprunts répétés. Minant sans cesse le pouvoir, ils l'affaiblissent au dedans et au dehors, et en déterminent enfin la chute.

Et qu'on ne s'y méprenne pas : les gouvernemens peuvent disparaître engloutis sous le poids d'une effroyable dette, et les nations rester debout et florissantes. Car, que font les gouvernans en empruntant ? ils dévorent les ressources de leurs successeurs ; c'est patent. Mais les particuliers composant une nation industrieuse , mieux avisés , ne dévorent pas les revenus de leurs descendans. La nation ainsi reste prospère ; mais les successeurs des gouvernans, assis sur un trône affaibli, sapé par leurs pères, qui ont dévoré à l'avance les ressources qui en devaient faire la force, à la moindre secousse, disparaissent souvent dans l'abîme creusé sous leurs pas. Quels sont les artisans de leur perte ? leurs seuls ancêtres, eux seuls, puisqu'ils ont consommé ou laissé consommer les ressources qui devaient faire la force de leurs descendans.

Dira-t-on que, réduits à ce point de faiblesse, et, par conséquent, d'avilissement, les successeurs des gouvernans feront banqueroute ? Mais ne serait-ce pas se dégrader, tomber au comble de l'opprobre ? et le moindre effort, d'ailleurs, comme nous l'avons dit, n'aurait-il pas, auparavant, fait tomber de leurs mains un sceptre impuissant ?

On ne saurait lutter contre une nécessité mathématique. La tête la plus fortement organisée et la plus féconde en ingénieux projets, s'épuiserait en vain à vouloir trouver des ressources soudaines (1) n'affaiblissant pas, en proportion

____

(1) Il n'est nullement question ici des ressources que se pro-

dè leur étendue, si on les consomme improductivement, la puissance souveraine *actuelle* ou
à venir. On pourrait croire soi-même y avoir
réussi, et parvenir à le persuader au plus grand
nombre; mais ce ne serait (on peut l'affirmer
sans crainte d'être démenti jamais) qu'une illu-
sion funeste.

On voit donc clairement qu'un gouvernement, comme un particulier, s'il a soin de ses
intérêts, ne doit emprunter qu'avec la certitude
de tirer de l'emploi de la somme empruntée,
une rente durable, supérieure à l'intérêt à payer
aux prêteurs.

Ainsi, on emprunte 400 millions à raison de
5 pour % d'intérêt; les dépense-t-on improductivement? il n'en reste rien le moment d'après;
sinon que chacune des années suivantes il faudra
payer 20 millions aux prêteurs. Mais, creuse-
t-on, par exemple, un canal de navigation utile?
il peut rapporter, par les péages, 40 millions
de revenu à l'état, sur quoi prélevant 20 millions
pour l'intérêt de la somme empruntée, il reste
20 millions de revenu net annuel à l'état; et que

---

cure quelquefois la violence, soit dans des pays envahis, soit à
l'intérieur : ce sont des VOLS A MAIN ARMÉE, sortant du domaine de la Science.

d'avantages ! 1.° par cet emploi utile, le gouvernement voit croître son crédit, et trouve bientôt à emprunter à un taux inférieur à celui auquel empruntent les particuliers dont le crédit est le plus grand (1); 2.° il nourrit et suscite une nombreuse population, qu'il enrichit par le payement du travail qu'il lui fait faire; 3.° il augmente la prospérité du pays, en facilitant le moyen d'échanger les produits, ce qui est cause d'accroissement d'industrie et de population, et cause efficace d'accroissement de revenu pour l'état et pour la nation; 4.° en sus de ces avantages, le gouvernement a accru son revenu des 20 millions restans de la rente du canal, après que les 20 millions, dûs aux créanciers pour intérêt de la somme prêtée, ont été payés.

Qu'on prononce maintenant entre les deux manières diverses de disposer des sommes que le gouvernement emprunte : qu'on juge laquelle affermit sa puissance et son crédit; laquelle ac-

----

(1) Peut-on dire qu'un gouvernement a du crédit, quand, des banquiers trouvant à emprunter à 3 $\frac{1}{2}$ pour % sur les principales places de l'Europe, ce gouvernement ne trouve à emprunter qu'à 5 ou à 6 pour %? S'il trouvait à emprunter à 3 pour %, quand les banquiers les mieux famés trouvent à emprunter à 3 $\frac{1}{2}$, nous concevrions qu'on pût parler de son crédit.

croît le bonheur et la prospérité des peuples qu'il gouverne ; laquelle tend à rendre sa puissance colossale, tout en attirant de plus en plus l'amour des sujets ; laquelle tend à le grandir sans fin ou à l'entraîner de plus en plus vers le gouffre dévorateur des gouvernemens.

Ce que nous venons de dire éclaire aussi les gouvernemens sur la manière la plus utile de dépenser les revenus énormes que les impôts mettent annuellement entre leurs mains. Ordinairement, hélas ! il n'en reste pas grand chose ni pour les souverains ni pour les sujets ! *(Voyez ce qu'on a déjà dit, Chap. VIII de ce Livre.)*

QUAND on a le malheur de devoir, que faire ?

Se libérer au plutôt, si l'emprunt n'est pas profitable.

Comment ?

En vendant de ses propres capitaux, si l'on ne peut pas autrement rentrer dans le capital emprunté, et dans le cas toutefois où les capitaux qu'on mettrait en vente rapporteraient moins d'intérêt, à valeur égale et eu égard à la durée et à la sûreté, que la somme empruntée.

Par exemple, si, avec 30,000^f empruntés à 5 pour %, on avait fait un placement où les 30,000^f ne rapportassent que 3 pour %, à égale sûreté de capital ; il est clair que, ne touchant annuellement que 900^f de rente du placement, et en devant payer 1500 au prêteur, il conviendrait de vendre : on réaliserait au moins le placement durable à 18,000^f ; et, si l'on avait d'autres capitaux qui ne rapportassent que 3 pour %, on en vendrait pour 12,000^f, pour achever de se libérer des 30,000^f dûs.

L'avantage à en agir ainsi est manifeste. En vendant pour 12,000^f des capitaux qu'on possède, on ne se prive que de 360^f de rente, puisqu'ils ne rapportent que 3 pour % ; tandis que, en ne vendant pas, c'est de 600^f de rente qu'on se prive, puisqu'il faut payer à 5 pour % l'intérêt des 12,000^f dûs.

Si, pour une petite somme due, il convient d'en agir ainsi, à plus forte raison pour une grande.

Un propriétaire, par exemple, qui aurait des terres pour une valeur de 200,000^f, dont, à 3 pour %, il ne retirerait net que 6000^f par an ; s'il devait 60,000^f, dont il paierait l'intérêt annuel à 5 pour %, devrait se priver annuellement de la moitié de son revenu, pour faire honneur à ses affaires ; en sorte qu'il n'aurait réellement, en net, que 3000^f de revenu réel pour lui ; tandis que, s'il vendait pour 60,000^f

de bien, les 140,000ᶠ de terres qui lui resteraient, lui rapporteraient, à 3 pour %, un revenu net de 4200ᶠ ; c'est-à-dire que, en vendant pour se libérer, il aurait accru son revenu annuel de 1200ᶠ.

Un gouvernement qui, par les dettes antérieurement contractées, se trouverait devoir en intérêts, par exemple, le 1/5 de son revenu total, devrait, ce semble, au lieu de continuer par de nouveaux emprunts, ou de nouvelles dépenses, à diminuer de plus en plus ses ressources restantes, faire tous ses efforts, au moyen de sévères économies, pour tâcher de se libérer, et rentrer au plutôt dans son revenu intégral. Car c'est bien justement qu'on dit, *qui paie ses dettes s'enrichit,* puisqu'il est vrai, à la lettre, que payer ses dettes en économisant sur ses revenus restans, est un moyen certain de rentrer peu à peu dans la jouissance de toute la portion du revenu qu'on avait précédemment aliénée par les emprunts contractés.

Voici le moyen le plus actif qu'on puisse employer pour amortir progressivement les dettes (1) :

----

(1) Bien que tout ce qui a rapport à l'*amortissement progressif des dettes* soit très-connu, on ne croit pas pouvoir se dispenser d'en parler dans cet ouvrage avec détail.

Lorsqu'on est dans l'intention d'éteindre progressivement une dette, on prélève annuellement sur son revenu restant, non-seulement l'intérêt de ce qu'on doit, mais une somme en sus, destinée à l'amortissement d'une portion du capital de la dette.

A-t-on, par exemple, 10,000^f de revenu annuel, et doit-on 60,000^f ? On prélèvera d'abord 3000^f, intérêt supposé de 60,000^f, sur le revenu. Si l'on prélevait moins, la dette s'accroîtrait; si l'on ne prélevait que 3000^f exactement la dette ne s'accroîtrait ni ne diminuerait; mais si, en sus des 3000^f, on prélève, par supposition, encore 2000^f, avec ces 2000^f, on pourra rembourser le $1/_{30}$ de ce qu'on doit, en sorte qu'on ne se trouvera plus devoir que 58,000^f. Si, l'année suivante, on continue à prélever 5000^f sur son revenu, comme l'intérêt de ce qu'on doit ne monte plus qu'à 2900^f, le fonds d'extinction ou d'amortissement de la dette sera 2100^f, en sorte que le capital dû, 58,000^f, sera réduit à 55,900^f. L'intérêt de cette dernière somme n'est plus que 2795^f. Si donc, l'année qui suit, on prélève encore 5000^f sur son revenu, le fonds d'amortissement sera 2205^f, en sorte que le capital dû sera réduit à 53,695^f. En continuant ainsi chaque année, la formule des intérêts composés (1) fait voir qu'au bout de 18 ans 9 mois 10 jours, le fonds d'amortissement serait 5000^f, c'est-à-dire, que la dette primitive de 60,000^f serait entièrement éteinte, et que le débiteur, dès cette époque, rentrerait dans la jouissance de la totalité de son revenu 10,000^f.

Que si, au lieu de 2000^f, on ne prélevait annuellement sur son revenu que 1000^f, en sus de l'intérêt annuel 3000^f à payer, on trouve, par la formule citée, que la libération complète du débiteur aurait lieu au bout de 28 ans 4 mois 28 jours.

Au lieu d'un particulier, supposez un gouvernement. Si sa dette est, par supposition, 2,800,000,000 fr. (c'est le capital de la dette flottante en France), et l'intérêt de cette dette 140,000,000 fr., en prélevant annuellement 220,000,000 fr. sur son revenu, c'est-à-dire, en affectant un fonds d'amortissement de 80,000,000 fr. (2), les 2,800,000,000 fr. de dettes seront payés complètement au bout de 20 ans 8 mois 24 jours.

Que si la caisse d'amortissement trouve, par

---

(1) Donnée en note, Liv. II, pag. 84.

(2) Cette somme sera, dit-on, le fonds d'amortissement de la dette publique en France, dès 1825.

la fluctuation du capital de la dette mis en vente journellement à la bourse par les créanciers, à effectuer annuellement la libération du capital en donnant moins de 100^f pour 5^f de rente, la libération marchera d'autant plus vite qu'on rachètera à un taux plus inférieur à 100^f. Alors, au lieu de 20 ans 8 mois 24 jours, on pourra bien ne mettre que 18 ans, et peut-être moins, à se libérer totalement envers ses créanciers.

Que s'il fallait racheter à 125^f au lieu de 100^f, on trouve que, pour éteindre entièrement la dette flottante en France, il faudrait 25 ans 9 mois 17 jours. Mais, la caisse d'amortissement rachetant à moins de 125^f sur la place, ce terme serait d'autant plus réduit, que les achats se feraient plus au-dessous de 125^f.

Que s'il s'agissait de se libérer de la totalité de la dette perpétuelle du gouvernement français, montant à 3,940,000,000^f, en rachetant à 100^f chaque 5^f de rente, on trouve qu'il faudrait, avec les 80 millions de fonds d'amortissement, 25 ans 5 mois 14 jours pour se libérer du capital total 3,940,000,000^f dû. Et, si l'on était obligé de racheter à 125^f (cas le plus défavorable dans l'état actuel des choses) les 5^f de rente, on trouve qu'il faudrait 31 ans 8 mois 2 jours pour se libérer complètement du capital dû.

Ce qu'on vient de dire est mathématique, par conséquent incontestable. Si les débiteurs, particuliers ou gouvernemens, voulaient le mettre en pratique, on voit avec quelle facilité ils pourraient faire disparaître en peu de temps d'énormes dettes. Mais, quand trouvera-t-on, dans les agens de la puissance sur-tout, occupés des intérêts d'aujourd'hui et jamais de ceux de demain, parce qu'ils n'ont qu'aujourd'hui à vivre, cette étendue de vue qui, envisageant sans cesse l'avenir, comme le sénat romain, sème dans le présent les germes de la grandeur et de la prospérité future ? Hélas ! on fait presque en tout pays directement le contraire de ce qu'on devrait faire ; et l'opinion publique est partout impuissante pour arrêter le torrent qui menace l'avenir des dynasties et des nations !

Une gloire immortelle et toute nouvelle, l'admiration de la génération présente, l'amour et la reconnaissance des races futures, un pouvoir journellement croissant, sont réservés au règne éclairé qui, d'une volonté ferme, dirigera son gouvernement vers l'amortissement de la dette existante.

On parle de la puissance et du crédit actuels ! Ah ! c'est qu'on ne se fait aucune idée de ce qu'ils pourraient être :

1.º *Que le fonds d'amortissement soit regardé comme sacré ;*

2.º *Qu'on regarde comme sacré de ne pas contracter de nouvelles dettes ;*

3.º *Qu'on regarde comme sacré de dépenser* PROFITABLEMENT *la majeure partie de l'impôt :*

Qu'on administre, en un mot, la fortune du gouvernement comme on administrerait celle d'un particulier : chaque année, on verra de combien grandiront le crédit et la puissance du gouvernement du Roi ; de nos jours même, cette puissance deviendra un colosse qui étonnera l'Europe et aura action sur le monde entier ; et les pieds de ce colosse ne seront pas d'argile, ils seront d'airain. Ah ! si, durant quelques années, les Français voulaient ne pas se montrer avides de places et d'argent, que la royauté et la France deviendraient grandes et puissantes !..... Les Chambres n'arrêteront-elles pas enfin les progrès de ce cancer dévorateur de la puissance souveraine et nationale ?..... Dans un des plateaux de la balance sont la monarchie et la France, dans l'autre quelques intérêts privés : ceux-ci continueront-ils à l'emporter toujours ?.........

Agens immédiats du pouvoir, n'imitez donc pas ce qui a été fait avant vous : N'EMPRUNTEZ PAS, NE TOUCHEZ PAS AU FONDS D'AMOR-

TISSEMENT. Payez promptement les dettes de l'état, pour reconquérir promptement tout son revenu. Faites-vous une loi sévère de dépenser PROFITABLEMENT *la majeure partie des impôts* (1); *ne consommez improfitablement que* LE MOINS POSSIBLE. Ainsi agirait un particulier en pareil cas, ainsi vous agiriez pour vous-mêmes en pareille occasion dans l'administration de votre fortune particulière ; agissez donc ainsi, quand l'intérêt de la royauté et de la nation le commande impérieusement.

____

(1) L'armée absorbe une grande partie de l'impôt, et une grande armée (tant la civilisation est encore peu avancée!) est de nos jours indispensable. Hé bien! imitant les Romains, que la France emploie en temps de paix ses 500 mille soldats aux travaux utiles mentionnés au Chap. VIII : le gouvernement, eût-il un million de soldats, les emploiera *profitablement* pour lui et la France. Eh ! combien 6 ou 12 mille hommes, employés par département à des travaux utiles, feraient grandir à vue d'œil la prospérité du pays ! de combien, chaque année, la population et la richesse de la France n'augmenteraient-elles pas, et, par suite, la richesse et la force du gouvernement..... Les jours de fête suffiraient pour les exercices militaires : les travaux endurciraient les soldats à la fatigue, au lieu que l'oisiveté les amollit et les perd aujourd'hui dans les villes..... Quelle puissance, quelle réunion de puissances oserait porter la guerre sur un sol couvert d'un million de semblables soldats, et de quel poids la France ne serait-elle pas dans la balance des intérêts de l'Europe et du monde entier !....

CHAPITRE XI.

Raison de quelques phénomènes d'économie publique.

Tout se lie en économie politique : la chaîne n'est pas bien longue ; il n'est pas, à ce que nous croyons, impossible de la suivre.

L'intérêt de l'argent a éprouvé une baisse rapide et qui étonne beaucoup ; le cours des fonds publics est monté à un taux qu'on n'aurait jamais osé espérer : tout le monde en est émerveillé, et chacun se récrie sur ce qu'on appelle l'*amélioration du crédit public*. Les capitalistes terriens, les capitalistes manufacturiers, les capitalistes commerçans, se plaignent qu'ils ne vendent rien, bien que tout soit au plus bas prix. Les capitalistes placeurs d'argent se croient ruinés, parce que leur argent leur rapporte un intérêt moindre. Les salariés se taisent, et leur sort est envié de tous.

Essayons de remonter à la cause de ces divers effets.

Si les produits de l'agriculture tombent à si bas prix (quel qu'en soit le motif) qu'ils ne se

14.

vendent qu'à peu près le prix qu'ils coûtent à produire, ce qui est le cas, à ce qu'on dit, dans l'Europe entière depuis quelques années, quelle en doit être la conséquence naturelle ? En d'autres termes : si le profit de l'industrie agricole est à peu près nul, que doit-il arriver ? Assurément il doit arriver que les capitalites terriens n'achètent que peu ou point des produits de l'industrie manufacturière; dès-lors, capitalistes terriens, capitalistes manufacturiers, et, par conséquent, capitalistes commerçans, doivent se plaindre. Mais ce n'est pas tout : si les capitalistes terriens, au lieu de tirer 3 pour %, d'intérêt de l'argent qu'ils ont précédemment employé à acquérir ce qu'ils possèdent, n'en retirent que 1 $\frac{1}{2}$ ou 2 ; si les capitalistes manufacturiers et commerçans voient en proportion se réduire la rente qu'ils retiraient de leur argent précédemment engagé : pensez-vous que les capitalistes faisant valoir leur argent, en le prêtant aux capitalistes terriens (1), commer-

____

(1) Par les anciennes méthodes de culture, on ne faisait rapporter généralement, dit-on, que 3 pour % d'intérêt à l'argent qu'on employait à acheter des terres. Cela explique parfaitement comment ceux qui empruntaient à 5 pour % et quelquefois au-dessus, pour acheter des terres, marchaient à une ruine certaine, plus ils empruntaient et achetaient. L'ignorance de ses propres

çans, manufacturiers, puissent continuer à en retirer la même rente ?

C'est donc, comme on voit, un enchaînement nécessaire et inévitable que, dès que le capital agricole est déprécié, c'est-à-dire donne une rente moindre, 1.° le capital manufacturier, 2.° le capital des commerçans, 3.° le capital-argent des prêteurs, suivent cette dépréciation.

Mais ce n'est pas tout encore : si l'argent baisse de valeur; si l'intérêt 5, auquel il se plaçait couramment sur les grandes places, tombe dans ces places à 3 ½ (aveu de l'un des banquiers entrepreneurs du remboursement des rentes), doit-on se récrier sur le haut cours où l'on voit monter les fonds publics ? doit-on dire que ce haut cours prouve l'amélioration du

---

intérêts allait à ce point dans bien des localités en France : qui ne l'a vu plusieurs fois de ses propres yeux ? qui n'a été témoin du résultat d'une si étrange spéculation ?..... Ah ! combien il importe que la science économique vienne enfin éclairer sur leurs intérêts jusqu'aux dernières classes de la société ! — Si, appliquant les nouvelles méthodes de culture, on parvient à retirer de la terre un intérêt supérieur à 5 pour % de l'argent qu'elle représente, oh ! dès-lors il y a à emprunter à 5 pour %, bénéfice d'autant plus grand pour l'agronome, qu'il retire de l'argent employé un intérêt plus supérieur au taux 5. C'est ce que la *Comptabilité de la fortune* fait parfaitement ressortir.

crédit public? Nullement; car voici le raisonnement qu'il convient de faire : Si, lorsque l'intérêt courant de l'argent était 5, on empruntait, par exemple, à 7, à combien doit-on emprunter lorsque l'intérêt courant de l'argent est 3 $\frac{1}{2}$? *Réponse :* A 4^f 90^c. Si donc, voulant faire un emprunt, vous ne trouvez pas 100^f pour 4^f 90^c de rente annuelle, ou 102^f 04^c pour 5^f (ce qui est la même chose), le crédit public a baissé : si vous trouvez cette somme, le crédit est le même; si vous trouvez plus, le crédit a augmenté : c'est mathématique.

Enfin, les produits de l'agriculture et de l'industrie étant au plus bas prix possible, tous les rentiers et les salariés, qui continuent à toucher la même rente en argent, sont nécessairement plus riches qu'ils n'étaient : faut-il s'étonner qu'ils ne se plaignent pas, et soient enviés ?

Dans cet état de choses, pour rétablir l'équilibre, les rentiers et salariés doivent être imposés, puisque leur richesse est augmentée; et l'impôt de l'agriculture doit être réduit d'autant.

Nous disons de l'agriculture, parce que, comme on l'a vu, la cause de la souffrance des capitalistes manufacturiers, des capitalistes commerçans, des capitalistes prêteurs d'argent, est

dans la souffrance des propriétaires terriens(1):
détruisez cette cause à sa racine même, faites
que les propriétaires terriens gagnent le plus
possible, tout se ranimera et reprendra promptement vigueur; car, tout le gain des capitalistes terriens sera employé à acheter des produits
manufacturés, et à produire les matières premières qui, par une suite naturelle, lui seront
demandées, ce qui fera gagner les capitalistes
manufacturiers et les capitalistes commerçans;
par suite, les capitalistes placeurs d'argent verront s'élever le taux de l'intérêt, à mesure que
l'agriculture, l'industrie et le commerce par-
viendront à retirer un profit plus grand de leurs
capitaux, et tout prospérera (2). Le cours des

---

(1) Sur 100 hommes de population, on en compte, en France,
54 employés aux travaux de la campagne; sur les 46 autres, il
y a 5 ouvriers en bois, 3 ouvriers en fer, 3 ouvriers en cuir,
2 ouvriers en pierre et mineurs, 2 écrivains ou commis de bu-
reaux, 1 tailleur d'habits, 2 bateliers et mariniers, 23 de professions autres que celles spécifiées ci-dessus, et 5 sans profession
et vivant de leur revenu. (*Voir les comptes présentés le 6 mars
1822, en exécution de la loi du 10 mars 1818, sur le recru-
tement de l'armée.*)

(2) Si, comme beaucoup de personnes en sont persuadées,
c'est l'entrepôt des blés d'Odessa à Marseille, qui a amené et
maintient la baisse des grains en France, là serait la source radicale du mal.

fonds publics, par contre-coup, baissera d'autant plus, que les industries agricole, manufacturière et commerciale, prospérant davantage, feront davantage monter le taux de l'intérêt de l'argent, par les emprunts qu'elles ne manqueront pas de faire. Si le taux de l'intérêt redevient tel alors que pour 5^f de rente les banquiers, au lieu de trouver 142^f 86^c, comme aujourd'hui, n'en trouvent plus que 100, comme il y a quelques années, le gouvernement (son crédit se conservant le même qu'aujourd'hui) ne trouvera plus que 71^f 43^c pour 5^f de rente. (car 142,86 : 100 :: 102,04 : 71,43); en d'autres termes, les 5 pour % redescendront à ce cours; et si les 3 pour % eussent été créés, les 5 pour % tombant à 71^f 43^c, les 3 pour % fussent tombés à 42^f 86^c (car 5 : 71,43 :: 3 : 42,86). (1)

---

(1) Nous supprimons ici un assez long chapitre ayant trait à l'examen du projet de loi sur le remboursement des rentes, *quant à l'exécution et aux suites*. C'était véritablement un hors d'œuvre, n'offrant que l'intérêt du moment, par conséquent n'en offrant déjà pour ainsi dire plus aujourd'hui.

CHAPITRE XII ET DERNIER.

Spectacle que présente une nation.

Notre travail serait incomplet si, après avoir successivement mis sous les yeux du lecteur les élémens de la science économique, nous ne lui faisions envisager un instant, en terminant, le spectacle d'une nation civilisée, et si nous n'en présentions en grand, à son esprit, une analyse exacte et rapide. C'est donc ce que nous allons essayer de faire.

On peut ranger en cinq classes tous les individus qui peuplent une nation :

1.° *Riches, des diverses industries ;*

2.° *Aisés, de l'industrie agricole ;*

3.° *Aisés, de l'industrie commerciale ;*

4.° *Aisés, de l'industrie manufacturière ;*

5.° *Pauvres, des diverses industries.*

Pour mieux fixer les idées, et parler aux yeux en même temps qu'à l'esprit, nous représentons (*voyez la figure annexée à ce Chapitre*) par cinq carrés A, B, C, D, E, les populations, 1.° *Riche,* 2.° *Aisée agricole,* 3.° *Aisée com-*

merciale, 4.° *AISÉE manufacturière* et 5.° *PAU-
VRE;* et nous supposons que A renferme 10
millions d'individus; B, 10 millions d'individus;
C, 3 millions d'individus; D, 5 millions d'individus; E, 3 millions d'individus : total de la population nationale, 31 millions d'individus.

Cela posé :

1.° Supposant que D et C n'existent pas, il
est patent que le travail de B fait subsister A,
et que les capitaux de A, que B fait valoir, font
subsister B. Dans cet état de choses, qui est
celui de l'enfance des sociétés sortant de l'état
sauvage, E subsiste du travail de B, soit que les
moyens de subsistance viennent directement de
B, soit qu'ils passent par les mains de A avant
d'arriver à E.

La plus essentielle de toutes les industries,
celle qui pourvoit aux indispensables besoins de
la vie, est, de toute évidence, *l'industrie agricole.*

2.° La richesse de A, c'est-à-dire ce que cette
classe a de reste après avoir satisfait à *l'aisance,*
et pourvu plus ou moins à la subsistance de E,
fait bientôt paraître dans la nation une population C, occupée à échanger l'excédant d'aisance de A contre d'autres produits de l'industrie
d'une nation étrangère. C'est l'industrie com-

merciale : elle précède ordinairement la population manufacturière, dont on va parler.

3.° La vue des produits importés par C, et la possibilité reconnue de les imiter, suscite enfin une population D, qui met en œuvre, soit les produits bruts fournis par B, soit les produits bruts importés par C. Les riches étant répartis en divers points de la nation, C devient l'intermédiaire des échanges entre D et A (1).

4.° Dans cet état de choses, qui est le spectacle d'une nation s'avançant dans la civilisation, C et D sont nourris par l'excédant de nourriture que A se trouve avoir, provenant de B. Les commodités de la vie se multiplient pour A. Sans A, qui a originairement confié ses capitaux à B, B n'existerait pas; sans B, qui a mis en produit croissant ces capitaux, A, par son surcroît de richesse, n'aurait pu susciter dans la nation les populations C et D. A, B, C, D, E sont nourris par B, avec les capitaux de A (2).

---

(1) On suppose ici que l'industrie commerciale précède l'industrie manufacturière dans la nation. Cela pourtant peut n'être pas. Dans ce cas, dès que la population manufacturière naît, la population commerciale la suit de près. Cela importe peu et ne change rien à ce qui va suivre.

(2) Le développement progressif de C et D a porté la population de la France à 31 millions d'individus, c'est-à-dire, a sans

5.° Que si B, C, D n'ont, pour tout ce qu'ils peuvent fabriquer, exclusivement de relations qu'avec eux-mêmes, B, C et D croissent indéfiniment en prospérité; E passe, autant que possible, dans B, C et D, et B, C et D s'élèvent de plus en plus dans A. Il n'y a alors d'autre terme à la prospérité de la nation que celui des subsistances et des matières premières que l'industrie B peut tirer du sol. Quand B est arrivé au *maximum* de production, C et D restent nécessairement stationnaires, à moins qu'ils ne commencent dès-lors à tirer, par les échanges des produits manufacturés, leurs subsistances du dehors, et aussi les matières premières, s'il en est besoin.

6.° Pour que les subsistances et les matières premières puissent arriver de B à D, et pour

---

doute doublé ou plus que doublé sa population primitive. Si par une salutaire direction, imprimée à tout, à partir de l'instruction donnée à la jeunesse, B est un jour amené à produire des subsistances pour 100 millions d'individus (comme il est très-permis de l'espérer), C et D, mais sur-tout D, formeront alors la grande masse de la population. La richesse et la puissance de la nation seront alors colossales, comparativement à ce qu'elles sont aujourd'hui, et celles du gouvernement seront non moins immenses, *s'il a pris et prend soin de bien administrer ses revenus.*

que les subsistances provenant de B et les produits manufacturés provenant de D puissent arriver à A, il faut faciliter les transports à C : les routes qu'on ouvre, les ponts qu'on construit, les rivières qu'on rend navigables, les canaux de navigation qu'on creuse, etc., etc., redoublent donc la prospérité d'une nation, portent la vie sur tous ses points.

7.° A mesure que D se propage de proche en proche sur tout le sol de la nation, A, B, D ont besoin de moins d'intermédiaires ; en conséquence, on conçoit que C puisse se réduire de plus en plus, et passer dans B et D. Enfin, si A, B, D en venaient au point d'être en contact et de pouvoir directement traiter des échanges, C disparaîtrait tout entier, attiré dans B et D, à moins que, les produits de B et D devant s'échanger contre les produits que B et D ne pouraient fabriquer dans la nation ou dans la localité, C ne restât l'intermédiaire de ce commerce extérieur ou de canton à canton.

8.° Le désir d'un bien-être supérieur fait que E désire monter dans B, C ou D, et que B, C et D tendent sans cesse à s'élever dans A. L'intelligence et la force physique sont de plus en plus déployées pour arriver à ce but, et la nation, par suite, voit redoubler sa prospérité. Combien il importe que l'instruction apprenne à chacun à tirer, sous ce rapport, le plus grand parti possible et de son intelligence et de sa force !

9.° Les folles dépenses de A précipitent dans B, C ou D et même dans E, les imprudens ou ignorans qui administrent mal leur fortune, ou ne savent pas maintenir leur dépense à hauteur du revenu dont ils jouissent.

10.° La richesse et la pauvreté ont leurs degrés. Plus on est bas au-dessous de l'aisance, plus on a besoin du secours d'autrui; plus on est élevé au-dessus de l'aisance, plus on doit s'empresser de prodiguer ce secours, en l'échangeant contre le travail, s'il y a possibilité de l'obtenir, et par l'aumône, lorsqu'il y a impossibilité d'obtenir du travail des individus pauvres à secourir.

11.° Tel est le comble de la déraison humaine, que ceux même qui sont beaucoup au-dessus de *l'aisance* se disent pauvres, et que, quelque élevé qu'on soit dans les degrés de la richesse, on cherche encore à acquérir, fût-on au sommet, c'est-à-dire au plus haut degré connu de la richesse! Aux yeux de Dieu, sans doute, il n'y a de pauvres que ceux qui ont le malheur de ne pouvoir atteindre à *l'aisance*, en faisant de leurs facultés intellectuelles et de leur force l'emploi qu'ils peuvent en faire.

12.º Il semble que les impôts ne devraient jamais porter que sur A, et qu'ils devraient croître en progression de la plus grande richesse. La destination des impôts devrait être sur-tout, ce semble, de donner du travail à la classe E : la nourrissant ainsi, on enrichirait la nation par des travaux utiles (1) : le gouvernement y trouverait son profit, par les impôts plus forts que l'augmentation de prospérité nationale lui permettrait de prélever.

13.º Si C, en échangeant les produits de D, tire de l'étranger ce que B peut ou pourrait fournir, B produit moins, s'appauvrit, se dépeuple ; la partie de A appartenant à B, consomme chaque jour moins des produits de D. Si C, en échangeant les produits de B, tire de l'étranger ce que D peut ou pourrait fournir, D produit moins, s'appauvrit, se dépeuple ; la partie de A appartenant à D, consomme chaque jour moins des produits de B. Que si C tire du dehors les produits que B et D pourraient fournir, B et D déclinent ; A, par suite, décline aussi : la nation se précipite doublement vers la misère.

____

(1) Tels que ceux mentionnés à 6.º.

14.º Si C exporte outre mesure les produits de D, D prospère outre mesure, et il peut arriver que B (quelques progrès que fasse cette industrie) ne puisse plus nourrir A, C, D, E et lui-même. Alors la nation a besoin que C importe ce que B n'est plus en état de fournir. Que si, dans cet état, les nations étrangères viennent à refuser les subsistances, la nation est dans la position la plus critique. Que si les nations étrangères, développant ou voulant susciter dans leur sein l'industrie manufacturière, en viennent à refuser les produits de D, comme la raison le leur conseille, C et D vont grossir E, et la nation est réduite à une affreuse misère, à moins que les populations C et D ne s'expatrient, et n'aillent à l'étranger porter leurs capitaux et fonder leur industrie.

15.º Lorsque les subsistances sont à si bas prix qu'on ne les vend que ce qu'elles coûtent à produire, il n'y a plus, cela est de toute évidence, de riches de l'industrie B; par une conséquence naturelle, les produits de D cessent d'être demandés, il n'y a bientôt plus de riches, ni de l'industrie D, ni de l'industrie C. Toute la nation tombe en langueur; le travail se ralentit : une portion de A descend dans B, C, D, et une portion de B, C, D va grossir E. La diffi-

culté de payer l'impôt devient de plus en plus
grande, tous les revenus diminuant.

16.° Mais, que les produits de B acquièrent
une valeur considérable au-dessus de celle qu'ils
coûtent à produire : B va d'abord grossir A ;
A, provenant de B, demande de suite à C les produits de D ; C et D viennent à leur tour grossir
A, et E est appelé par B, C, D : toute la nation
prospère. Tous les revenus augmentant, l'impôt
prélevé par le gouvernement peut graduellement
augmenter.

Nous pourrions nous étendre beaucoup sur
ces matières, sur-tout s'il entrait dans nos vues
de présenter des applications à l'ordre de choses
existant dans telle ou telle nation. Le lecteur
suppléera aisément à tout ce que nous pourrions
à cet égard ajouter, et verra comment les détails que nous avons précédemment donnés se re-
lient à l'ensemble que nous venons de présenter :
si quelqu'un de ces détails était discordant avec
cet ensemble, il serait nécessairement erroné.

En saisissant et rapprochant ce qu'il y a de
plus important dans la Science économique,
sous le point de vue du bien-être général des
individus qui peuplent une nation, but qu'on
doit le plus désirer d'atteindre, on voit que,

l'aisance ou bien - être de l'homme consistant à se nourrir, vêtir, loger, chauffer, meubler et éclairer, le solide et réel fondement de la prospérité d'un pays est l'AGRICULTURE, puisqu'elle fournit les élémens du bien-être des hommes. Ainsi, que la France, par exemple, soit abandonnée à elle-même : si elle renferme 31 millions d'individus, et si son sol fournit juste les matières nécessaires à leur procurer l'aisance ou bien-être, qui est la vraie richesse, la nation a dans son sein tous les élémens de sa propérité, si d'ailleurs les diverses professions qui parachèvent les produits de l'aisance, se trouvent dans la nation, et certes elles y sont, et bien au-delà. Mais si le gouvernement permet qu'on exporte une partie de ces élémens, supposés suffire juste à procurer l'aisance ou bien - être aux 31 millions d'individus qui peuplent la nation, dèslors, nécessairement, une partie de la population ne pourra plus atteindre à l'aisance ou bien-être. Ce qu'il faut donc impérieusement, quand on a en vue le bien - être général des individus qui peuplent une nation comme la France, c'est de contraindre ceux qui ont une surabondance des élémens de l'aisance ou bien-être, à les échanger contre le travail de ceux qui, dans la nation, n'ont pas ces élémens; et l'on y parvient certainement, en interdisant la vente au dehors de ces élémens du bien-être ou aisance, et en développant dans la nation des industries de luxe propres à les attirer dans les mains de ceux qui en ont besoin. Plus il se produit de matières propres à donner l'aisance, plus, d'une part, les professions travaillant pour satisfaire l'aisance, et, d'autre part, les industries surabondantes travaillant pour satisfaire le luxe, doivent acquérir d'extension dans la nation ; et ainsi la population s'élève par degrés, et constamment heureuse, au plus haut point que les produits du sol, élémens de l'aisance, lui permettent d'atteindre. Remarquez bien d'ailleurs (c'est très-important) que c'est, en définitive, avec les élémens propres à procurer aux hommes l'aisance, qu'un gouvernement peut être fort, c'est-à-dire, avoir action sur les hommes : d'où il suit que les mêmes élémens qui font la solide et réelle prospérité du pays, font la solide et réelle force du gouvernement.

Si, dans cet ouvrage, nous en avons assez dit pour faire entrevoir les vraies sources de la solide et durable prospérité des individus, des nations, des gouvernemens, notre tâche est désormais remplie : c'est à chacun, selon sa position, à se conduire en conséquence, ne perdant jamais de vue que tout ce qui fait prospérer les individus ou la nation, fait la sécurité, la richesse et la force de ceux qui la gouvernent.

Entre la royauté, qui ne doit jamais mourir, et le peuple qui doit toujours durer, sont les nombreux agens de la puissance souveraine. Ne devant durer qu'un moment, ils n'écoutent trop souvent (telle est la nature humaine !) que les intérêts du moment, et leurs actions sapent, en général, si l'on n'y veille attentivement, l'avenir des nations, et sur-tout l'avenir des dynasties.

Lorsque la Science économique, bien connue, sera répandue et appréciée comme elle mérite de l'être, il est permis d'espérer que l'opinion publique acquerra une énergie et une intensité telles que, surmontant tous les intérêts isolés et passagers, elle dominera de sa toute-puissance l'administration, et l'empêchera de jamais dévier de la route à suivre pour le bien de tous ; et ainsi seront assurées aux dynasties et aux nations, une puissance et une grandeur incessamment croissantes, et une immortelle durée.

FIN DU LIVRE TROISIÈME ET DERNIER.

TABLE D'ORDRE.

LIVRE III.

Causes qui tendent a augmenter, diminuer, rétablir la
Fortune des individus, des nations, des gouvernemens.

FIN DE LA TABLE D'ORDRE.

TABLE ANALYTIQUE.

et les consommations improductives appauvrissent, ainsi
que ces expressions l'indi-
quent, 119, 120. Il y a un
immense avantage à ce qu'une
nation fabrique elle-même,
quand il y a possibilité, les
produits qu'elle consomme,
127, 128. Les consommations
rapides sont-elles plus avantageuses que les consommations
lentes? 152 et suiv. Consommations productives des riches, 154. Consommations
improductives des riches, 155.
L'excédant de la production
sur la consommation est le
profit, 186.

Contrebande. Tout objet de contrebande doit être impitoyablement confisqué, et réexporté au profit de l'état : le
brûler ou détruire serait stupide, 195.

Corporations. Doivent être soigneusement proscrites par le
gouvernement, bien loin d'ê-
tre favorisées ou provoquées
par lui, 113.

Coût d'une chose. Définition, 49.

Crédit ou *Confiance inspirée aux
placeurs d'argent.* Comment
un gouvernement peut aug-
menter son crédit, 200, 201.
On ne peut pas vanter le crédit d'un gouvernement, s'il ne
trouve pas à emprunter à un
intérêt moindre que celui auquel empruntent les banquiers
les mieux famés, 201. Combien le crédit et la puissance
du gouvernement pourraient
s'augmenter, 208 et suiv. Le
haut cours actuel des fonds
publics n'est nullement une
preuve de l'augmentation du
crédit public, comme on le
croit, 213, 214. Cela ressortira
pleinement dès que l'agriculture verra ses profits s'élever,
214 et suiv.

D

Définitions. Faute de définitions
précises et nettes, coïncidant
avec les acceptions vulgaires,
on a beaucoup embrouillé la
science de l'Économie politique, 52.

*Denrées et marchandises qu'on
garde,* 180.

Désirs. Une fois qu'on a de quoi
se procurer les choses constituant l'aisance (voy. *Aisance*),
on n'est pauvre que parce qu'on
veut l'être, que parce qu'on
ne veut pas contenir ses désirs
au niveau de son revenu, 40.

Destruction d'un produit. Celui
qui détruit de gaieté de cœur
et sans raison un produit de
l'industrie fait-il tort à la société? 152 et suiv.

Dettes. Danger d'en contracter
pour les gouvernemens, 198 et
suiv. Cas où un gouvernement
peut contracter des dettes, 200
et suiv. Cas où il est avantageux de se libérer des dettes,
202 et suiv. (Voy. *Amortissement progressif des dettes.*)

Doit. Signification de ce mot, 58.

Domaine. Si, lorsque l'intérêt
de l'argent était 5, on estimait
une propriété foncière 33 fois
le revenu net, lorsque l'intérêt
de l'argent n'est que 4, on doit
l'estimer 41 fois le revenu net
qu'elle donne, 76.

Dynasties. Vu l'emploi impro-
ductif qu'on en fait, les emprunts (non nécessités par le péril le plus imminent) frappent
au cœur l'avenir des dynasties :
ceux qui s'y opposent se montrent les amis du trône héré-
ditaire, et ceux qui les favorisent s'en montrent les ennemis, 45, 46. Combien il est à
désirer, dans l'intérêt des dynasties, que l'opinion publique
acquière de l'énergie, 208, 218.

E

cieuse combinaison des valeurs possédées ou qu'on acquiert, résulte la prospérité de la fortune, 110. S'écoule chez la nation dont on consomme improfitablement les produits, 123. Grande distinction à faire, à cet égard, dans les échanges de produits qui 'se font, 129 et suiv. La législation doit tendre à rompre les grandes fortunes, 152, 153. Quiconque ne fait pas une dépense proportionnée à celle que comporte sa fortune, est un mauvais citoyen, 153. L'égalité de l'impôt, c'est-à-dire en simple proportion de la fortune possédée, ne paraît pas équitable, 172. Les capitaux partiels qu'on possède ou qu'on acquiert ont une très-grande influence sur la fortune des particuliers et des nations. (Voy. *Capital partiel.*) Comment on doit juger l'augmentation ou la diminution annuelle de la fortune pour un particulier et pour une nation, 186. (Voy. *Balance du Commerce, Exportations* et *Importations.*)

Français. On doit réprimer, sur-tout par une meilleure direction donnée à l'instruction publique (voyez *Enseignement*), et en réduisant les salaires (ce qui permettra d'employer l'impôt profitablement), (voyez *Impôt*), l'avide désir qu'ils ont d'obtenir des places, 209 et suiv.

France. En propageant partout les industries existantes et n en suscitant s'il le faut de nouvelles, on amènera, l'on n'en doute pas, le sol de la France à produire des subsistances pour 100 millions d'habitans, 146, 149, 150. Quelle est, en moyenne et approximativement, en France aujourd'hui,

la sur-aisance, ou richesse, ou luxe, d'une famille, 164. Puissance colossale que pourrait acquérir la royauté en France, 1.º si l'on regardait comme sacré le fonds d'amortissement, 2.º si le gouvernement du Roi ne contractait pas de nouvelles dettes, 3.º si l'on dépensait profitablement la majeure partie de l'impôt, 208 et suiv. Une grande armée est malheureusement indispensable à la France, dans l'état actuel des choses : comment on pourrait l'occuper profitablement, 210. Comment la population est répartie en France dans les diverses professions, 215. Ce que la France serait aujourd'hui si, depuis 30 ans, on eût fait un bon emploi de l'impôt, 169 et suiv.

Froment. Valeur 447,772 fois moins transportable que l'or, et 15,554 fois moins transportable que l'argent, 17. Regardé à tort par les publicistes comme conservant en tout temps une valeur moyenne généralement invariable, 27, 28, 31, 32. Comment on pourrait le faire augmenter de valeur en Pologne et dans les provinces méridionales de la Russie, où il est à vil prix, 148, 149.

G

Garnier (M.), *membre de l'Institut.* Regarde à tort le froment comme conservant en tout temps une valeur moyenne généralement invariable, 27.

Gestion. But de la gestion de la fortune, 54. Le gouvernement d'une nation doit tenir, comme un particulier, une comptabilité claire et détaillée de sa gestion, 175.

Gouvernans, Gouvernés. Quand l'Economie politique sera bien connue, les gouvernans et les gouvernés marcheront de concert au bonheur commun, 11. Combien les gouvernans doivent être attentifs aux empiétemens qui menacent eux et leurs peuples, 165. Les emprunts, improfitablement employés, sapent la puissance des gouvernans, 198 et suivantes. (Voy. *Emprunts.*)

Gouvernement. On ne doit pas confondre l'état des affaires d'un gouvernement avec l'état des affaires de la nation qu'il régit, 44. C'est sur-tout, et radicalement, par la bonne ou mauvaise administration des finances qu'un gouvernement prospère ou périt, 45, 46. Les emprunts, improfitablement employés, frappent au cœur l'avenir des dynasties, tellement que ceux qui s'opposent aux emprunts (lorsqu'ils ne sont pas nécessités par le péril le plus imminent) se montrent les amis du trône, tandis que ceux qui y donnent la main, s'en montrent les ennemis, 45, 46. (Voy. *Emprunts.*) Ce qu'un gouvernement doit faire, s'il a à cœur de favoriser l'agriculture, 148. Les gouvernemens ne doivent rien tant redouter que de voir de grandes fortunes s'accumuler dans les mêmes mains, et les pauvres se multiplier, 152. Comment la législation peut remédier à ce mal, 152 et suiv. Les gouvernemens doivent leurs revenus à l'industrie : ces revenus suivent, de toute nécessité, les phases des revenus des particuliers, 167. Vouloir des revenus, et empêcher les connaissances de se propager, est une inconcevable contradic-

tion, *id.* Le gouvernement est très-intéressé à ce que ses revenus soient bien administrés, et tournent au bien général, 167 et suiv. Cas où un gouvernement peut contracter des dettes, 168. Exemple du bon emploi des revenus du gouvernement, 168 et suiv. Avantage que le gouvernement et les peuples retireraient de ce bon emploi de l'impôt, 170 et suiv. Le gouvernement doit dépenser ses revenus en travaux utiles à tous, propres à enrichir les pauvres, et non les faire passer inutilement dans les mains des riches, 173. Le gouvernement d'une nation doit tenir une comptabilité propre à faire ressortir, aux yeux de ses administrés, le bien et le mal de la gestion qui lui est confiée, 175. Doit être très-vigilant à empêcher qu'on introduise dans la nation les marchandises de luxe que les nationaux peuvent ou pourraient fabriquer, 195. Résultat des emprunts que fait un gouvernement, 198 et suiv. (Voy. *Emprunts.*) On vante, en général, bien à tort, le crédit des gouvernemens (voy. *Crédit*). Comment un gouvernement peut se libérer des dettes contractées (voy. *Amortissement progressif des dettes*). C'est, en définitive, avec les produits, élémens de l'aisance, que fournit l'industrie agricole, qu'un gouvernement a action sur les hommes et qu'il est réellement fort, 227.

H

Homme. Salutaire influence de la Morale et de la Religion sur le bonheur des hommes, 38. Pour que l'homme ne se pervertisse pas, il faut ne pas lui laisser un instant d'oisiveté, 111 : l'instruction qu'on lui donne n'est pas dirigée vers ce but désirable, *id.*

I

Importations. Tendent généralement à appauvrir, 125 et suiv. Plus une marchandise étrangère de luxe a de valeur et est de rapide consommation, plus il devient essentiel d'en prohiber l'importation, 130. Les importations sont, en général, un signe de pauvreté, 187. L'excédant des importations sur les exportations n'est pas toujours un signe de décadence de la fortune, 188 et suiv.

Impôt. C'est, dans l'état actuel, un déplacement de revenu des mains de tous aux mains de quelques-uns, 163. L'allégement de l'impôt est un encouragement pour l'industrie, 166. L'impôt est nécessaire : il doit être judicieusement réparti, modéré et très-habilement employé pour tourner constamment au bien de tous, condition à laquelle tous le payent, *id.* L'industrie est la source des revenus des individus et des gouvernemens, 167. Vouloir des revenus, et entraver l'instruction, est une absurdité inconcevable, *idem.* Exemple du bon emploi de l'impôt, 168 et suiv. Avantage de ce bon emploi, pour le gouvernement et les peuples, 170 et suiv. Effet patent de l'impôt, 172. Ne devrait être prélevé que sur les riches, et dans une progression rapidement ascendante : moyen d'atteindre ce but, 172. L'impôt

doit être employé à enrichir les pauvres, en leur faisant faire des travaux utiles à tous, et non à augmenter inutilement la fortune des riches, 173. Les revenus de l'industrie ayant baissé, l'impôt sur l'industrie doit être diminué, 173 et suiv. Chaque industrie ne doit annuellement être imposée qu'en proportion de ses revenus actuels, 174 et suiv. Le gouvernement d'une nation doit tenir une comptabilité détaillée, propre à faire ressortir clairement aux yeux de ses administrés les sources et emplois de ses revenus, 175.

Industrie, en général. Est vivifiée par le luxe, 118. Mourrait, sans lui, 120, 121. Vouloir l'industrie, et ne pas vouloir le luxe, est une contradiction manifeste, 121. Effet des industries rivales, 122, 123. L'industrie est soutenue et souvent suscitée par les prohibitions des produits étrangers, 123, 128. Par l'industrie les capitaux donnent des rentes à ceux qui les possèdent, et ces rentes reviennent à l'industrie dont les rentiers consomment les produits : l'industrie est donc source de toute richesse, 137. La propagation de l'industrie tend à réduire les relations de commerce de nation à nation, 142 ; et de province à province, 143 : effet que cela doit avoir, 143, 144. L'industrie se propage d'autant plus rapidement que les connaissances utiles se multiplient et s'étendent davantage, 143, 167. On doit protéger chaque branche d'industrie, en raison de l'importance dont elle est, 145 et suiv. Provoquer tour à tour et sans cesse l'agriculture et les autres industries, est le secret pour porter les états au plus haut degré de force, de richesse et de solide prospérité qu'ils puissent atteindre, 146. Les gouvernemens, s'ils ont à cœur de favoriser l'industrie agricole, ne sauraient trop provoquer le développement de toutes les autres industries, 148. L'allégement de l'impôt est un encouragement pour l'industrie, 166. L'industrie est la source des revenus des individus et des gouvernemens, 167. Les revenus de l'industrie ayant baissé, l'impôt sur l'industrie doit diminuer. 173 et suiv. Il ne faut annuellement imposer chaque industrie qu'en proportion de ses revenus actuels, 174 et suiv.

Industrie agricole. Fournit la matière première des produits de l'industrie manufacturière, 5. Ce que le gouvernement doit faire, à mesure que l'industrie agricole accroit dans une nation les moyens de subsistance, 145 et suiv. L'industrie agricole doit être mise au premier rang des arts industriels parmi les hommes, 146, 147. Ses produits ne se vendent pas, quoique au plus bas prix : conséquences de cet état de choses, 211 et suiv. (Voy. *Spectacle que présente une nation.*) L'industrie agricole est le solide fondement de la prospérité des individus et des nations, 225 et suiv.

Industrie commerciale. Distribue dans la société, soit la matière première des produits (fournie par l'industrie agricole), soit les produits eux-mêmes (fournis par l'industrie manufacturière), 5. (Voyez *Spectacle que présente une nation.*)

Industrie manufacturière. Met en œuvre les produits que lui fournit l'industrie agricole, 5. (Voy. *Spectacle que présente une nation.*)

Industries de l'aisance ou bien-être. Ce sont celles qui donnent aux élémens de l'aisance ou bien-être, que fournit l'industrie agricole, la préparation qui leur manque pour pouvoir en faire usage, 225 et suiv.

Industries du luxe. Doivent être suscitées dans une nation, pour faire passer les objets constituant l'aisance ou bien-être, des mains des riches, qui en ont trop, dans les mains des pauvres, qui n'en ont point, ou qui n'en ont pas assez, 225 et suiv.

Industrieux. (Pour abréger, on donne ce nom à ceux qui se livrent à l'industrie.) Sont enrichis par ceux qui achètent leurs produits, 118.

Instruction publique. Voy. *Enseignement.*

Intelligence humaine. Son développement est une des bases fondamentales de la prospérité d'une nation, 110. Sans ce capital précieux, on ne peut tirer des autres capitaux le parti le plus avantageux, 159. La valeur de ce capital peut s'évaluer, 160 et suiv.

Intérêt de l'argent. Indique la valeur de l'argent, 18, 19, 20. Ne doit pas être fixé par la loi, 113 et suiv.; les chambres de commerce devraient être appelées à déclarer quel il est, pour savoir si l'accusation d'usure est fondée, 115. L'intérêt de l'argent doit être d'autant plus élevé, qu'il y a plus de chances de perte

130. Il faut d'autant plus favoriser l'exportation des marchandises nationales de luxe , qu'elles sont de plus rapide consommation , 130. Quelqu'un qui détruit de gaieté de cœur et sans raison un produit de l'industrie fait-il tort à la société ? 132 et suiv. Ce qui rend les marchandises coûteuses , 144. Les marchandises devraient être frappées d'un impôt progressivement d'autant plus fort, qu'elles s'éloignent davantage , par leur recherche ou leur futilité , des simples et indispensables nécessités de la vie, 172.

Mesure de la richesse. L'argent, indépendamment de sa valeur ou intérêt auquel il se place , est la mesure de la richesse , en tout temps et en tout lieu , 35 , 36 , 37, 40.

Mesure de la valeur des choses. Est la clef de la science , 15. L'argent, eu égard à l'intérêt auquel on le place, est la vraie mesure de la valeur relative des choses en divers temps ou divers lieux , 34.

Mines d'or et d'argent. Leur possession a été le signal de la décadence de l'Espagne, 191 et suiv. Leur perte pourrait devenir celui du réveil de sa prospérité, 192 et suiv.

Monopole. Le monopole, soit qu'il soit exercé par des compagnies, soit qu'il soit exercé par les gouvernemens, nuit au rapide développement de la branche d'industrie sur laquelle il s'exerce , 113.

Morale. Branche essentielle de la science du bonheur des hommes , but le plus élevé qu'on puisse se proposer d'atteindre , 38.

N

Nation. Bases fondamentales de la prospérité d'une nation , 110. Une nation s'enrichit d'autant plus que les autres nations consomment davantage de ses produits, et qu'elle fait elle-même moins de consommations improductives , 119, 120, 126 et suiv. Il y a un immense avantage à ce qu'une nation fabrique elle-même les produits qu'elle consomme, toutes les fois qu'il y a possibilité, 128. Distinction essentielle à faire entre les valeurs qu'on échange dans le commerce de nation à nation , 129 et suiv. En général, une nation s'appauvrit d'autant plus qu'elle échange avec d'autres nations des valeurs plus durables contre des valeurs de plus rapide destruction, 130. La nation qui s'appauvrit le plus est celle qui consomme le plus et produit le moins ; la nation qui s'enrichit le plus est celle qui produit le plus et consomme le moins, 132. (Voy. *Capital partiel.*) Toutes les nations devenant industrieuses , le commerce de nation à nation tend à diminuer, 142. Les nations qui fournissaient aux autres leurs produits tendent , par suite, à décliner, et les autres nations à prospérer, 142, 143. Ce qui est le plus désirable pour une nation, vu l'état possible de guerre, 144 et suiv. Un bon système de navigation intérieure est un des plus puissans moyens de prospérité pour une nation, 168, 169. Combien les nations de l'Europe présenteraient un autre aspect, si les gouverne-

sentant les choses qu'on désire annuellement acquérir, 36, 5o. Aucun publiciste n'avait jusqu'ici nettement défini la richesse : définitions qu'en donnent MM. J.-B. Say et de Saint-Chamans, 36, 37. Le vulgaire a une idée nette de la richesse, dont les publicistes paraissent n'avoir qu'une obscure ou imparfaite idée, 37. Expression mathématique et analytique de la richesse, 37, 38. Les désirs immodérés de l'homme, font qu'il ne se trouve jamais assez riche, 38. La Morale et la Religion, en modérant ces désirs, exercent une salutaire influence, et deviennent la branche la plus essentielle de la science du bonheur des hommes, but le plus élevé qu'on puisse se proposer d'atteindre, 38. Pour juger de la richesse en tout temps et en tout lieu, on n'a, le revenu étant donné, uniquement besoin que de connaître le prix des choses dans ce temps ou dans ce lieu, et nullement la valeur de l'argent qui sert à mesurer ces choses, 4o. La richesse augmente, soit que le revenu augmente, le prix des choses désirées ne changeant pas; soit que le prix des choses désirées baisse, le revenu ne changeant pas, 4o, 41. Danger de la concentration de la richesse en un petit nombre de mains, 151 et suiv. Echanger contre des valeurs plus profitables, est le grand principe de la science de la richesse, soit pour un particulier, soit pour une nation, soit pour un gouvernement, 193 et suiv. (Voy. *Capital partiel* et *Impôt*). En définitive, c'est avec les produits de l'industrie

agricole que la richesse a action sur les hommes, 225 et suiv.

Richesse proprement dite, ou *sur-aisance,* ou *luxe.* Excédant de revenu, sur celui nécessaire à se procurer l'aisance, 39. Richesse, ou sur-aisance, ou luxe d'une famille en France, en moyenne, 164.

Royauté. Pourrait, par une bonne administration, acquérir une puissance colossale en France. (Voy. *France.*) Combien il est à désirer, dans l'intérêt, toujours identique, de la royauté et de la nation, que l'opinion publique s'éclaire et se manifeste avec énergie, 208, 228.

Russie. L'industrie y est naissante, 142. L'introduction rapide des machines dans cet empire aurait pour résultat de l'affranchir tout à coup du tribut qu'il paie aux peuples industrieux dont il consomme les produits, et de l'élever à un haut point de prospérité et de population, *idem.* Ce qui manque aux provinces méridionales de cet empire, 149.

S

Saint-Chamans (M. le vicomte de). Donne, dans son NOUVEL ESSAI SUR LA RICHESSE DES NATIONS, une définition incomplète de la richesse, 36.

Salariés. Doivent être imposés, vu la diminution du prix des choses, 42; et l'impôt payé par l'agriculture doit être déchargé d'autant, 214.

Say (M. J.-B.). Ses doctrines ont paru erronées à l'auteur, 8, 9. Conteste à l'argent de pouvoir servir à mesurer la valeur des choses, 15, 16. Conteste à l'analyse mathématique de pouvoir s'appliquer à l'Economie politique, 20. Dit à tort, selon l'auteur, que l'argent ne vaut plus aujourd'hui que le 1/4 de ce qu'il valait en 1500, 26, 27. Donne une définition vague et nullement précise de la richesse, 36, 37. Dit à tort, selon l'auteur, que « la com- » paraison de la richesse de » deux nations est la quadra- » ture du cercle de l'Economie » politique », 50, 51. But de l'Economie politique, selon cet auteur, 109; ce but est atteint par la Comptabilité de la fortune, 109. Dit à tort, selon l'auteur, que l'excédant des importations sur les exportations est le gain d'une nation, 125. Blâme à tort les gouvernemens qui prohibent, en général, la sortie des matières premières et l'entrée des produits manufacturés, 128. Contrairement à l'opinion de M. J.-B. Say, il y a une grande distinction à faire entre produits et produits, bien qu'au moment de l'échange, leur valeur soit exactement égale, 129 et suiv. La balance du commerce n'est pas un vain mot, l'exportation du numéraire n'est pas une chimère, et le peuple qui importe le plus de marchandises n'est pas, en général, celui qui s'enrichit le plus, ainsi que le croit cet auteur, 131, 132, 133 et suiv. Blâme à tort, selon l'auteur, des vers de Voltaire et de La Fontaine, et un passage de Montesquieu sur le luxe, 156, 157.

Sciences. Les sciences mathématiques, physiques et chimiques; les sciences naturelles, agricoles et économiques; enfin, l'Economie politique, devraient faire la base de l'instruction publique, chez une nation jalouse d'accroître sa prospérité, 111.

Smith (Adam). Son ouvrage est la première source des ouvrages de M. J.-B. Say, 9. Conteste à l'argent de pouvoir servir à mesurer la valeur des choses, 15. Pense à tort, selon l'auteur, que le froment conserve en tout temps une valeur moyenne généralement invariable, 27, 31, 32.

Société. L'accumulation des richesses dans un petit nombre de mains, et la multiplication de la classe pauvre, tendent à la bouleverser, 152. La législation peut remédier à ce mal, 152 et suiv.

Souverain. Son intérêt est toujours identique avec celui de la nation qu'il gouverne, 195.

Spectacle que présente une nation. On considère les phases diverses qu'elle peut présenter, selon le rôle qu'y jouent les industries agricole, commerciale, manufacturière, et le degré de protection qu'on accorde à chacune d'elles, etc., etc., 217 et suiv.

Statistique. Ne doit pas être confondue avec l'Economie politique, 51.

Subsistances. La population faisant la force des nations, les gouvernemens doivent s'attacher à la maintenir toujours au niveau des subsistances que le pays peut fournir, 145 et suiv.

Sur-aisance. (Voy. *Richesse proprement dite* et *Luxe.*)

Systèmes financiers. Il n'en est qu'un seul de bon, celui qui

<table>
<tr><td></td><td>

(A)

RICHES,

des

diverses industries.

—

10 millions d'individus.

</td><td></td></tr>
<tr><td>

(B)

AISÉS,

de

l'industrie agricole.

—

10 millions d'individus.

</td><td>

(C)

AISÉS,

de

l'industrie commerciale.

—

3 millions d'individus.

</td><td>

(D)

AISÉS,

de

l'industrie manufacturière.

—

5 millions d'individus.

</td></tr>
<tr><td></td><td>

(E)

PAUVRES,

des

diverses industries.

—

3 millions d'individus.

</td><td></td></tr>
</table>